Lehr- und Studienbriefe
Kriminalistik / Kriminologie

Herausgegeben von
Horst Clages, Leitender Kriminaldirektor a.D.
Klaus Neidhardt, Präsident der Polizei-Führungsakademie
Robert Weihmann, Leitender Kriminaldirektor a.D.

Band 3
Kriminaltechnik II

Von
Robert Weihmann
Leitender Kriminaldirektor a.D.
FH-Dozent für Kriminalistik und Kriminaltechnik

VERLAG DEUTSCHE POLIZEILITERATUR GMBH
Buchvertrieb

Forststraße 3 a • 40721 Hilden • Telefon 0211 / 7104-212 • Fax -270
E-mail: vdp.buchvertrieb@VDPolizei.de • Internet: www.VDPolizei.de

Bibliographische Information der Deutsche Bibliothek

Die Deutsche Bibliothek verzeichnet diese Publikation in der Deutschen Nationalbibliographie; detaillierte bibliographische Daten sind im Internet über http:/dnb.ddb.de abrufbar.

1. Auflage 2005
© VERLAG DEUTSCHE POLIZEILITERATUR GMBH Buchvertrieb, Hilden/Rhld. 2005
Alle Rechte vorbehalten
Satz: VDP GMBH Buchvertrieb, Hilden
Druck und Bindung: Druckerei Hubert & Co, Göttingen
Printed in Germany
ISBN 3-8011-0516-4

Vorwort

Dieses zweibändige Werk ist für die kriminalistische Ausbildung in der Polizei bestimmt. Es richtet sich an die Studenten der Fachhochschulen und an die Teilnehmer von kriminaltechnischen Seminaren. Zielgruppe sind ferner der Streifendienst und der allgemeine Ermittlungsdienst. Inhaltlich entspricht es dem Curriculum „Kriminaltechnik" an der Fachhochschule.
Ziel ist es, biologische, chemische und physikalische Zusammenhänge und Abläufe beim Entstehen von Spuren und bei deren Sicherung allgemeinverständlich und in einem plausiblen System darzustellen. Den Gutachtern soll rechtlich zulässiges, physikalisch und chemisch geeignetes und ausreichendes Spurenmaterial zur Verfügung gestellt werden. Darüber hinaus wird die richtige Terminologie vermittelt.
Es stehen die Kenntnisse und Fertigkeiten der Spurensuche und Spurensicherung im Mittelpunkt, die zur Bekämpfung der mittleren und leichten Kriminalität benötigt werden. Damit werden gut 90 % des Spurenaufkommens der Gesamtkriminalität abgedeckt. Für technisch besonders Interessierte sind in den einzelnen Kapiteln weiterführende Fundstellen angeführt.
Im Bereich der schweren Kriminalität, der Organisierten Kriminalität, der Wirtschaftskriminalität und der Kapitaldelikte erfolgt die Spurensuche und Spurensicherung durch sachkundige Spezialisten des Erkennungsdienstes, durch die Landeskriminalämter, das Bundeskriminalamt oder die Institute für forensische Medizin. Für diese Bereiche sollen dem Streifendienst und den ersten Ermittlern Anregungen und Verständnis für die Bedeutung und den Schutz der Spuren vermittelt werden.
Die Spurenauswertung wird von Sachverständigen oder Sachkundigen vorgenommen, die über spezielle Fachkunde verfügen. Insofern wird dieser Teil nur grob behandelt.
Die in diesem Buch dargestellten Themenschwerpunkte sind ursprünglich als Hefte Nr. 22 und 23 in der Reihe „Lehr- und Studienbriefe Kriminalistik" erschienen, die in dieser Form nicht mehr aufgelegt wird. Die Inhalte sind vollständig überarbeitet und dem neuesten Stand der Gesetze, der Rechtsprechung sowie den neuesten Erkenntnissen der Kriminalistik und Kriminaltechnik angepasst worden. Die Literaturhinweise sind neu gestaltet und erheblich erweitert.
Neu sind die Lichtbilder, die kriminaltechnische Geräte und/oder deren Handhabung darstellen. An dieser Stelle gilt mein besonderer Dank dem Erkennungsdienst beim Polizeipräsidium Recklinghausen, der einen Großteil der Bilder gefertigt hat. Diese sind entsprechend gekennzeichnet.
In den Anlagen sind Beispiele für Tatortbefundbericht, Spurensicherungsbericht, Untersuchungsantrag, Gutachten, sowie Übersichten zu Spurenkunde, Spurenarten und Erkennungsdienst eingefügt und Abbildungen zu Spurenarten und dem geläufigen Spurensicherungsgerät aufgenommen.
Da das Gesamtthema den Umfang eines Buches in dieser Reihe erheblich überschreiten würde, ist der Inhalt auf die Lehr- und Studienbriefe Nr. 2 und Nr. 3 – Kriminaltechnik I und Kriminaltechnik II – aufgeteilt worden. Zur besseren Handhabung sind in beiden Büchern der Gesamtinhalt und das gesamte Stichwortverzeichnis enthalten. In dem hier vorliegenden Band II sind die Gliederungspunkte 7-20 (Rauschmittel bis Anlagen) abgedruckt.

Der Verfasser   Recklinghausen, im Mai 2005

Inhaltsverzeichnis

Kriminaltechnik II

Vorwort 3

Inhaltsverzeichnis 4

Abkürzungsverzeichnis 11

7	Rauschmittel	13
7.1	Illegale Rauschmittel	13
7.1.1	Opiate / Morphin / Heroin	14
7.1.2	Kokain	15
7.1.3	Cannabis	16
7.1.4	Stimulanzien / Halluzinogene / Ecstasy	17
7.2	Grundstoffe / Streckmittel / Illegale Laboratorien	20
7.3	Legale Rauschmittel	20
7.3.1	Alkohol	21
7.3.2	Tabletten	21
7.4	Spurensuche und Spurensicherung	22
8	Mineralöle	23
9	Gifte	24
10	Schusswaffen	25
10.1	Langwaffen	25
10.2	Kurzwaffen	26
10.3	Spurenbilder	28
10.3.1	Waffe	28
10.3.2	Lauf	28
10.3.3	Geschoss	29
10.3.4	Patronenhülse	30
10.3.5	Schütze	32
10.3.6	Trefferfeld / Opfer	34
10.4	Sicherung	36
11	Schriften / Urkunden / Ausweise	37
11.1	Handschrift / Unterschrift	37
11.2	Graffiti	39
11.3	Klebebuchstaben / Zeitungsausschnitte	39
11.4	Schreibschablonen	39

11.5	Schreibmittel	40
11.6	Geräte und Maschinen	40
11.6.1	Schreibmaschinen	40
11.6.2	Druckmaschinen	41
11.6.2.1	Arbeitsprinzipien	41
11.6.2.2	Industriedruck	43
11.7	Trägermaterial / Schriftträger	44
11.8	Alter	45
11.9	Fingerabdrücke	45
11.10	Anhaftungen	45
11.11	Texturheberschaft	45

12 Brand 47

12.1	Feuerschaden / Löscharbeiten	47
12.2	Entstehungsort	48
12.3	Zündmittel	48
12.3.1	Selbstentzündung	49
12.3.2	Elektrizität/Storm	49
12.3.3	Blitzschlag	50
12.3.4	Heizungs- und Feuerungsanlagen	51
12.4	Kraftfahrzeuge	51

13 Explosion 52

13.1	Explosionsstoffe	53
13.2	Explosionsfähige Stoffe	53
13.3	Geräteexplosionen	53
13.4	Explosionsschaden / Löscharbeiten	54
13.5	Explosionszentrum	54
13.6	Zündmittel	54
13.7	Spurensuche und Spurensicherung	54

14 Kfz-Identifizierung 55

14.1	Fahrzeugidentifizierungsnummer / Technische Prüfnummer	55
14.2	Fabrikschild	56
14.3	Rohbaunummern	56
14.4	Codeschild	56
14.5	Weitere Nummerierung	56
14.6	Spurensuche und Spurensicherung	56

15 Verkehrsunfall 57

15.1 Kriminalpolitische Bedeutung 58

15.2	Verkehrsunfallaufnahme	58
15.2.1	Straße	60
15.2.2	Fahrzeug	60
15.2.3	Fahrer	62

16 Gerüche 63
16.1	Geruchsspur	63
16.2	Menschlicher Individualgeruch	63
16.3	Anwendungsmethode	64
16.4	Spurensicherung	64

17 Stimmen / Sprache 66
17.1	Stimmenanalyse	66
17.2	Stimmenidentifizierung	66
17.3	Geräuschanalyse	67
17.4	Authentisierung	68
17.5	Qualitätsverbesserung	67
17.6	Phonetische Textanalyse	67

18 Leichen 68
18.1	Todesarten	68
18.2	Todesursachen	68
18.2.1	Strangulation	68
18.2.2	Druckstauungen	70
18.2.3	Ersticken	70
18.2.4	Bolustod (Bissentod)	72
18.2.5	Schnitt	72
18.2.6	Stich und Hieb	72
18.2.7	Stumpfe Gewalt	73
18.2.8	Ertrinken	73
18.2.9	Verbrennen / Verbrühen	74
18.2.10	Unterkühlung	74
18.2.11	Strom	74
18.2.12	Blitz	75
18.2.13	Schuss	76
18.2.14	Gift	76
18.3	Identifizierung	77
18.4	Todeszeitbestimmung	77
18.4.1	Temperaturmessung	77
18.4.2	Verdauungszustand	77
18.4.3	Totenflecken	78

18.4.4	Totenstarre	78
18.4.5	Insektenbefall	78
18.4.6	Elektrische Reizung der Muskulatur	79
18.5	Anhaftungen	79
18.6	Suche in Hohlräumen	79

19 Fangmittel 80
19.1	Optische	80
19.2	Elektrische / Elektronische	80
19.3	Mechanische	81
19.4	Chemische	81
19.5	Kombinierte	81
19.6	Diebesfallen	81

20 Anlagen 82
20.1	Tatortbefundbericht	82
20.2	Spurensicherungsbericht	86
20.3	Untersuchungsantrag	87
20.4	Gutachten	89
20.5	Übersicht Kriminalistische Spurenkunde	92
20.6	Übersicht Kriminalistische Spurenarten	93
20.7	Übersicht Kriminalpolizeilicher Erkennungsdienst / Polizeieigene Kriminaltechnische Untersuchungsstellen	94

Zum Autor 96

Literaturverzeichnis 97

Stichwortverzeichnis 102

Abbildungsverzeichnis 109

Inhalt

Im Lehr- und Studienbrief Band 2 Kriminaltechnik I sind abgedruckt:

1 Grundlagen
1.1 Beweismittel
1.2 Der Sachbeweis in der Strafprozessordnung
1.3 Beweiskraft
1.4 Personen und Einrichtungen zur Untersuchung
1.5 Qualität der Spurensuche und Spurensicherung
1.6 Aufwand und Erfolg
1.7 Spuren und Methoden, die der dienstlichen Verschwiegenheit unterliegen

2 Begriffe / Definitionen
2.1 Die Spur
2.2 Entstehen von Spuren
2.3 Einteilung der Spuren
2.4 Spurenuntersuchungssystematik
2.5 Vergleichsmaterial

3 Spurensuche und -sicherung
3.1 Ziel
3.2 Methoden
3.3 Suchbereiche
3.4 Persönliche Qualifikation
3.5 Technische Hilfsmittel
3.6 Spurensicherung
3.7 Spurenschutz
3.8 Veränderungen
3.9 Konkurrierende Spurensicherung
3.10 Sachverständige am Tatort
3.11 Verpackung und Transport / Asservierung
3.12 Untersuchungsantrag
3.13 Gutachten
3.14 Gerichtliche Überprüfung

4 Menschliche Ab- und Eindruckspuren
4.1 Haut

5 Formung / Ab- und Eindruckspuren

5.1 Schuhe, Gangbild
5.2 Handschuhe
5.3 Reifen / Spurweite
5.4 Werkzeuge
5.5 Schloss / Schlüssel
5.6 Prägezeichen
5.7 Bissspuren

6 Materialspuren

6.1 Blut
6.2 Haar
6.3 Sekrete
6.4 Exkrete
6.5 Wasser
6.6 Boden / Isotopen-Analytik
6.7 Vegetation
6.8 Luft / Gas
6.9 Glas
6.10 Lack
6.11 Metall
6.12 Kunststoff
6.13 Holz
6.14 Textilien / Seile / Knoten / Fasern

Abkürzungsverzeichnis

AFIS	Automatisiertes Fingerabdruckidentifizierungssystem
AG Kripo	Arbeitsgemeinschaft der Leiter des BKA und der LKÄ
AK II	Arbeitskreis II der IMK (Öffentliche Sicherheit)
BBergG	Bundesberggesetz
BGB	Bürgerliches Gesetzbuch
BGH	Bundesgerichtshof
BGHSt	Bundesgerichtshof; Entscheidungssammlung in Strafsachen
BGHZ	Bundesgerichtshof; Entscheidungssammlung in Zivilsachen
BKA	Bundeskriminalamt
BKAG	Gesetz über die Einrichtung eines Bundeskriminalpolizeiamtes (Bundeskriminalamtes)
BMI	Bundesminister des Innern
BMJ	Bundesminister der Justiz
BSeuchG	Bundes-Seuchengesetz
BUVO	Betriebs-Unfallvorschrift der Bahn AG
BVerfG	Bundesverfassungsgericht
BVerGE	Entscheidungssammlung des Bundesverfassungsgerichts
BVerwG	Bundesverwaltungsgericht
BVerwGE	Entscheidungssammlung des Bundesverwaltungsgerichts
DDR	Deutsche Demokratische Republik
Diss.	Dissertation
DJZ	Deutsche Juristenzeitung
DNA	Desoxyribonukleinacid
ED	Erkennungsdienst
EDV	Elektronische Datenverarbeitung
EUROPOL	European Police Office
FAZ	Frankfurter Allgemeine Zeitung
FEK	Führung, Einsatz, Kriminalitätsbekämpfung
FGG	Gesetz über die Angelegenheiten der freiwilligen Gerichtsbarkeit
GewO	Gewerbeordnung
GG	Grundgesetz
GSSt	Großer Senat für Strafsachen
GVBl.	Gesetz- und Verordnungsblatt
GVG	Gerichtsverfassungsgesetz
IDKO	Identifizierungskommission des BKA
IKPO	Internationale Kriminalpolizeiliche Organisation
IMK	Konferenz der Innenminister und -senatoren
IMNW	Innenministerium Nordrhein-Westfalen
INTERPOL	Telegrammadresse der IKPO
INPOL	Informationssystem der Polizei
JGG	Jugendgerichtsgesetz
JuS	Juristische Schulung
JVEG	Justizvergütungs- und -entschädigungsgesetz
KAN	Kriminalaktennachweis
KBA	Kraftfahrtbundesamt
KG	Kammergericht
KHSt	Kriminalhauptstelle
KJHG	Kinder- und Jugendhilfegesetz
KP	Kriminalpolizeilicher Vordruck (nummeriert)
KPB	Kreispolizeibehörde

KPMD	Kriminalpolizeilicher Meldedienst
KPMD-S	Kriminalpolizeilicher Meldedienst in Staatsschutzsachen
KpS	Kriminalpolizeiliche personenbezogene Sammlungen
KPVP	Kriminalpolizeiliches Vorbeugungsprogramm
KTU	Kriminaltechnische Untersuchungsstelle
KUG	Kunsturhebergesetz
KVK	Kommission der AG Kripo zur Vorbeugenden Kriminalitätsbekämpfung
LF	Polizeilicher Leitfaden
LG	Landgericht
LKA	Landeskriminalamt
LVK	Lichtbildvorzeigekartei
MDR	Monatsschrift für Deutsches Recht
MEK	Mobiles Einsatzkommando
MK	Mordkommission
NJW	Neue Juristische Wochenschrift
NStZ	Neue Zeitschrift für Strafrecht
NVwZ	Neue Zeitschrift für Verwaltungsrecht
NZB	Nationales Zentralbüro der IKPO
NZV	Neue Zeitschrift für Verkehrsrecht
OK	Organisierte Kriminalität
OLG	Oberlandesgericht
OVG	Oberverwaltungsgericht
OWiG	Gesetz über Ordnungswidrigkeiten
PDV	Polizeidienstvorschrift
PFA	Polizei-Führungsakademie
PKS	Polizeiliche Kriminalstatistik
RiStBV	Richtlinien für das Strafverfahren und das Bußgeldverfahren
RiVASt	Richtlinien für den Verkehr mit dem Ausland in strafrechtlichen Angelegenheiten
SAR	Luftrettungsdienst (search and rescue)
SEK	Spezialeinsatzkommando der Polizei
SIS	Schengener Informationssystem (der Polizei)
SPUDOK	Spurendokumentation
StA	Staatsanwalt
StAR	Ständige Arbeitsgruppe von Kriminalpraktikern zur Bekämpfung der internationalen Rauschgiftkriminalität
StGB	Strafgesetzbuch
StPO	Strafprozessordnung
StV	Strafverteidiger, Juristische Fachzeitschrift
TREVI	Internationale Konferenz der Politiker zur Bekämpfung von Terrorismus, Rassismus, Extremismus und Gewalt (Violence)
UCA	Undercoveragent
VE	Verdeckter Ermittler
VP	V-Person
VG	Verwaltungsgericht
ZEVIS	Zentrales Verkehrsinformationssystem
ZJD	Zentrale Jugendschutzdatei
ZPO	Zivilprozessordnung

**Gliederungspunkte 1 - 6
abgedruckt in Lehr- und Studienbrief Band 2
Kriminaltechnik I**

7 Rauschmittel

Der Genuss von Rauschmitteln wird in unserer Gesellschaft unterschiedlich strafrechtlich sanktioniert und damit in illegalen (Kapitel 7.2) und legalen (Kapitel 7.3) Rauschmittelkonsum unterteilt. Die Einteilung erfolgt willkürlich. Die Diskussion wird überwiegend emotional geführt. Es gibt weder gesellschaftspolitische noch gesundheitspolitische Gründe für die Unterscheidung. Die Anzahl der von legalen Drogen Abhängigen ist mindestens um das 100-fache größer, als die von illegalen. Der als legal bezeichnete Drogenkonsum verursacht gegenüber dem illegalen ein Vielfaches an Todesfällen, an Gesundheitsschäden und an Kosten für die Krankenkassen. Verbote und Strafen schrecken auch nicht von illegalem Rauschmittelkonsum ab.

Die Vermutung, Drogenhersteller und Drogenhändler wollen durch heimliches Beimischen von Heroin zu so genannten „weichen" Drogen neue Konsumenten abhängig machen, hat sich nicht bestätigt und ist auch nicht logisch. Es würde den Gewinn erheblich schmälern und im Extremfall könnte der Konsument wegen der Überdosis sterben und so nicht mehr als Abnehmer zur Verfügung stehen. Darüber hinaus spricht sich so etwas in der Szene herum, so dass ein anderer Lieferant den Vorzug bekäme (Ausführlich dazu: *Gundlach*, a.a.O. S. 490 und *Weihmann*, a.a.O. 2004, S. 266).

7.1 Illegale Rauschmittel

Das Strafrecht/Betäubungsmittelgesetz setzt bei der Verfolgung vier Schwerpunkte:
- Verbote für Konsumenten: Die Strafandrohung reicht hier von der Ordnungswidrigkeit bis zur Freiheitsstrafe bis zu fünf Jahre. Ferner werden mehrere Möglichkeiten der Straflosigkeit eingeräumt und insbesondere die Suchttherapie gefördert. Heilen statt strafen ist der Leitgedanke.
- Verbote für Händler und Banden: Hier werden empfindliche Freiheitsstrafen bis zu nicht unter fünf Jahren angedroht.
- Verbot der Weitergabe von legalen Chemikalien, die bei der illegalen Rauschmittelherstellung benötigt werden: Die Strafandrohung reicht von der Ordnungswidrigkeit bis zur Freiheitsstrafe nicht unter einem Jahr.
- Verbote für die Herstellung von Arzneimitteln ohne Erlaubnis: Dies dient als Auffangtatbestand für die Herstellung wirkungsloser Synthetischer Drogen.

Darüber hinaus wird besonders bestraft, wer mit größeren Mengen angetroffen wird, die der Gesetzgeber **„nicht geringe Menge"** nennt. Diese hat der BGH für jeden einzelnen illegalen Wirkstoff festgelegt. Nachfolgend sind diese bei dem genannten Wirkstoff angegeben.

Werden verschiedene **Stoffe gemixt** oder gleichzeitig gehandelt oder transportiert, so ist zunächst festzustellen, wie viel Prozent der „nicht geringen Menge" bei jedem einzelnen Stoff vorhanden sind. Die Addition der Prozentsätze zeigt, ob diese Menge insgesamt überschritten ist, BGH in NStZ 2003, 434.

Trotz der völlig unübersichtlichen und sich ständig ändernden Drogen-Lage soll unter idealistischen Gesichtspunkten eine Einteilung der Rauschmittel erfolgen.

7.1.1 Opiate / Morphin / Heroin

Opium (griechisch = Pflanzensaft) wird durch Anritzen der noch unreifen Frucht des Schlafmohns (Abb. 38) gewonnen. Der dadurch austretende Milchsaft wird an der Luft getrocknet. Dieses Rohopium enthält 20 – 25 % Wirkstoff. Nach weiterer Aufbereitung kann das Opium geraucht, gegessen oder als „**O-Tinke**" getrunken werden.

Der Hauptwirkstoff des Opiums ist das **Morphin** (griechisch: Morpheus, Gott der Träume), das herausgelöst werden kann und in der Medizin als Mittel gegen sehr starke Schmerzen eingesetzt wird.

Durch Weiterverarbeitung wird aus Morphin **Heroin** (griechisch: Heros, Held). Es variiert in der Körnung von grob bis zum feinen Pulver und in den Farben von weiß über hellgrau, beige, braun bis gelb. In Szenekreisen werden die verschiedenen Herstellungsformen mit Heroin Nr. 2, Nr. 3 usw. bezeichnet. Heroin wird in Wasser gelöst und in einer Konsumeinheit (KE) von 10 mg intravenös genommen. Die Wirkung dauert drei bis sechs Stunden. Der häufigste Reinheitsgehalt liegt bei 30 %.

Die **nicht geringe Menge** beginnt ab 1,5 g Heroinhydrochlorid (BGHSt 32,162).

Symptome der Überdosierung:
Lähmende Wirkung auf das Atemzentrum, je nach Dosierung bis zum Tod. Lungenschädigungen.

Methadon ist ein Morphinderivat. Es wird im Rahmen der Resozialisierung von Drogenabhängigen ärztlich verordnet. Das Mittel wird in einer Menge von 5 mg intravenös verabreicht. Die Wirkung dauert 12 bis 24 Stunden.

Als Opiumersatz wird auch **Dolantin** und **Dicodid** genommen.

Abb. 38: *Schlafmohn*

7.1.2 Kokain

Kokain (indianisch/spanisch: Coca, Bedeutung unbekannt) ist der Hauptwirkstoff des Kokastrauches. Es kann durch Kauen der Blätter aufgenommen werden.

Durch Weiterverarbeitung entsteht Kokapaste. Daraus wird Kokain-Hydrochlorid hergestellt. Letzteres ist pulverförmig und wird wegen der weißen Farbe und der Konsistenz als „**Schnee**" bezeichnet. Kokain kann nasal (geschnupft) oder intravenös genommen werden. Die nasale Konsumeinheit beträgt 30 mg, die intravenöse 10 mg. Die Wirkung dauert zwei Stunden. Der häufigste Reinheitsgehalt liegt bei 40 %.

Die **nicht geringe Menge** beginnt ab 5 g Kokainhydrochlorid (BGHSt 33, 133).

Durch Hinzugabe von anorganischen Substanzen, z.B. Backpulver, Ammoniak, Salmiak, wird aus Kokain **Crack**. Es ermöglicht das Rauchen von Kokain. Wegen der dabei entstehenden knackenden Geräusche hat es seinen Namen erhalten.

Durch die Hinzugabe von organischen Lösungsmitteln, z.B. Äther oder Chloroform, entsteht **Free Base**, das inhaliert werden kann.

Symptome der Überdosierung:

Störung des Blutdrucks, Krampfanfälle, Atemstörung bis Atemlähmung mit Tod.

Lidocain ist ein Alkaloid des Kokain. Es wird in der Lokalanästhesie eingesetzt.

Abb. 39: Kokain

7.1.3 Cannabis

Cannabis ist die griechisch-lateinische Bezeichnung für **Hanf**, einer Kulturpflanze, die seit Jahrhunderten zur Herstellung von Textilien und Seilen angebaut wird. Neben den Fasern enthält Hanf ein Harz mit dem Wirkstoff Tetrahydrocannabinol (**THC**). Dieser Wirkstoff hat berauschende Wirkung. Das gilt insbesondere für das Delta-8- und Delta-9-Tetrahydrocannabinol. Letzteres ist auch synthetisch herzustellen.

Die getrockneten Blüten und Pflanzenteile heißen **Marihuana** (mexikanisch/spanisch: Mari und Juana, weibliche Vornamen). Die weitere Verarbeitung mit organischen Lösungsmitteln und Konzentrierung des Wirkstoffes heißt **Haschisch** (arabisch: Heu oder Gras) und in der nächsten Verarbeitungsstufe Haschisch-Öl.

Marihuana und Haschisch können gegessen oder geraucht werden. Die Konsumeinheit beträgt 15 mg THC und wirkt zwei bis vier Stunden. Der häufigste Reinheitsgehalt von Marihuana liegt bei 0,5 bis 4 % THC, der von Haschisch bei 10 % THC.

Die **nicht geringe Menge** beginnt ab 7,5 g THC (BGHSt 33, 8, und in NStZ 1996, 139).

Abb. 40: Canabis

Symptome der Überdosierung:

Störungen der Herztätigkeit und des Magen-Darm-Bereichs. Reizung der Bronchialschleimhaut. Keine Lebensgefährdung bekannt.

In getrockneter Form ist Hanf leicht mit **Henna** zu verwechseln. Es handelt sich um einen ligusterähnlichen Strauch, aus dessen Blätter und Stängel rotgelber Farbstoff hergestellt werden kann.

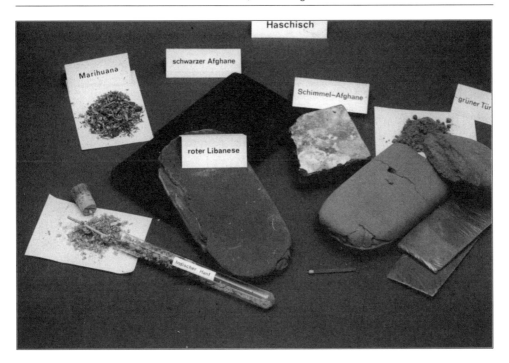

Abb. 41: Haschisch

7.1.4 Stimulanzen / Halluzinogene

Diese Drogen lassen sich schlecht einordnen. Von der Dosierung hängt es weitgehend ab, ob die Wirkung anregend, antriebssteigernd, stimmungsaufhellend, bewusstseinserweiternd oder als so genannter „Horrortrip" zur Halluzination, Unruhe, Hypertonie oder zu stereotypen Verhaltensmustern führt.

Als Begleiterscheinung treten Gefühle von verstärkter Energie, Appetitlosigkeit und herabgesetztes Schlafbedürfnis auf. Gleichzeitig verliert der Körper große Mengen Flüssigkeit, ohne dies mit Warnsignalen anzuzeigen, was zu Herz- und Kreislaufversagen führen kann.

Zu dieser Gruppe wird **LSD** (Lysergsäurediäthylamid) gerechnet, das ursprünglich aus dem als Pilzbefall bei Getreide bekannten Mutterkorn hergestellt wurde. Die Konsumeinheit beträgt 20 bis 100 mg und wird als Trip in Papier- oder Tablettenform oral genommen. Die Wirkungsdauer ist sehr unterschiedlich.

Die **nicht geringe Menge** beginnt bei 6 mg LSD-Wirkstoffgehalt. 300 Trips erfüllen ebenso das Merkmal (BGHSt 35, 43).

Ähnliche Wirkungen haben **Mescalin** und Psilocybin / Psilkocin sowie **Atropin** enthaltende Stoffe.

Ferner gehören zu dieser Gruppe die **Amphetamine** und die Ampethamin-Derivate (chemische Abkömmlinge). Es sind vollsynthetische Betäubungsmittel, die der chemischen Grundsubstanz nach den Neurotransmittern Adrenalin und Dopamin ähnlich sind und auch als **Weckamine** bezeichnet werden.

Rauschmittel

Abb. 42: Ecstasy / XTC Auswahl

 Zwerg 2	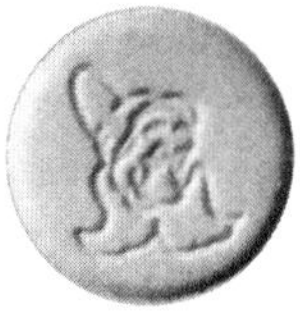 Zwerg 3	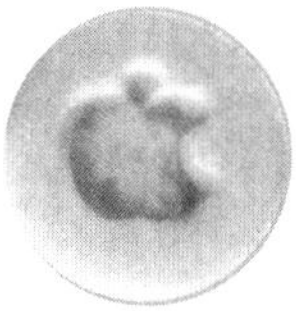 Apple	 Venusspiegel
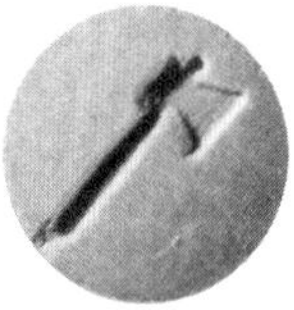 Beil	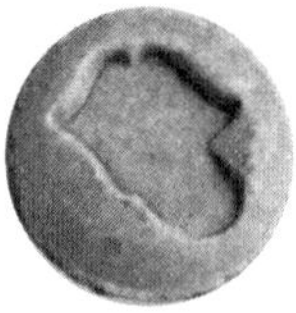 Rolling Stones	 H	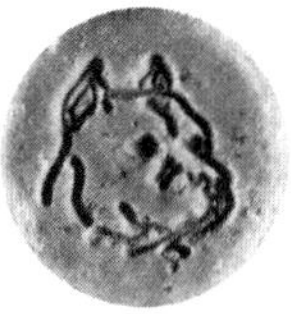 Bulldoge
 OXBOW	 Totenkopf	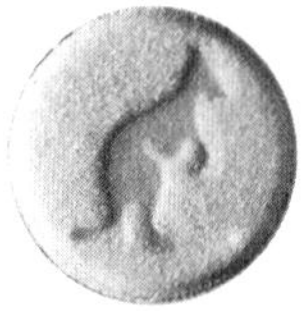 Känguruh	 Radkappe
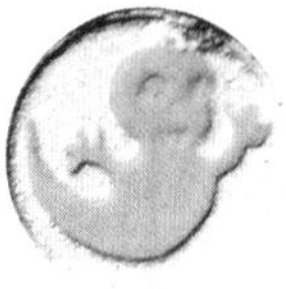 Gespenst 1	 Gespenst 2	 Indianer	 Smiley 2
 Pinocchio	 Dino 2	 Coco Chanel	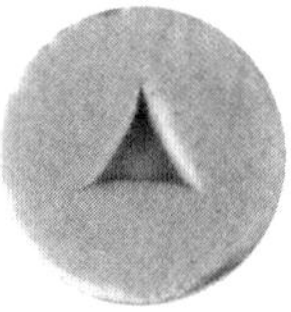 Dreieck 2

In der Szene werden diese Drogen als Sammelbegriff „**ECSTASY**" oder „**XTC**" (englische Buchstabierweise) bezeichnet, weil sie die Konsumenten in „verzückte Stimmung" versetzen.

Sie sind auch unter dem Begriff **Designer-Drogen** (ersinnen, planen, entwerfen in Bezug auf das Herstellen neuer Drogen) bekannt. Ihre Herstellung ist verhältnismäßig leicht und bedarf keines großen Aufwandes.

Die illegale Herstellung von Ecstasy erfolgt unter den verschiedensten Namen. Die häufigste Art der Herstellungsform sind Tabletten, wobei der Wirkstoff dem Füllstoff und Bindemittel beigemischt wird. Als Füllstoffe werden oft Stärke und Traubenzucker verwendet. Die Tabletten habe unterschiedliche Farben, Maße und Gewichte und sind mit phantasievollen Aufdrucken und Bezeichnungen versehen. Gleichwohl lassen diese Zeichen keine Rückschlüsse auf bestimmte Inhaltsstoffe oder Konzentrationen zu. Das gilt selbst für gleichaussehende Tabletten (Abb. 42).

Die verbreitesten Wirkstoffe sind zur Zeit:
– **MDA** = Methylendioxyamphetamin.
  Es steht dem Amphetamin, LSD und Mescalin sehr nahe. Es wirkt antriebssteigernd.
– **MDMA** = Methylendioxy-N-methamphetamin.
  Es ist ein Abkömmling des Methamphetamin und steigert das Wahrnehmungsvermögen.
– **MDE** = Methylendioxy-N-ethylamphetamin.
  Es erzeugt ein ähnliches Wirkungsspektrum wie MDMA, jedoch in abgeschwächter Form.
– **MBDB** = N-Methyl-benzodioxol-butanamin.
  Es erzeugt ein ähnliches Wirkungsspektrum wie MDMA.
– **DOB** = Dimethoxy-bromamphetamin.
  Es wirkt 100fach stärker als MDA und zeigt Ähnlichkeiten mit LSD und Mescalin.
– **DOM** = Dimenthoxylamphetamin.
  Es erzeugt eine ähnliche Wirkung wie DOB.

Ecstasy wird oral eingenommen und wirkt zwei bis vier Stunden. Der häufigste Reinheitsgehalt liegt bei 50 %.

Die **nicht geringe Menge** beginnt ab 10 g Amphetaminbase (BGHSt 33, 169). Bei MDE, MDA und MDMA (Ecstasy) ab 30 g Base oder 35 g Hydrochlorid (BGH in NStZ 1997, 132).

Symptome der Überdosierung:

Erhöhter Blutdruck und höhere Atemfrequenz. Erhöhte Körpertemperatur. Krampfanfälle bis zum Tod.

7.2 Grundstoffe / Streckmittel / Illegale Laboratorien

Die Herstellung von illegalen Rauschmitteln ist nur durch den Einsatz chemischer Grundstoffe möglich. Sie bilden die Ausgangs- und Hilfschemikalien.

Die Weitergabe dieser Grundstoffe in großen Mengen ist nach den Vorschriften des Grundstoffüberwachungsgesetzes, BGBl. I Nr. 69 vom 13.10.1994, S. 2835, erlaubnispflichtig.

Die Überwachung wird durch die beauftragten Behörden (Zollbehörden sowie Bundesinstitut für Arzneimittel und Medizinprodukte) wahrgenommen. In das Überwachungsverfahren ist auch das Bundeskriminalamt als „Gemeinsame Stelle" einbezogen.

Welche **Chemikalien als Grundstoffe** angesehen werden, ist im Anhang der „Verordnung (EWG) Nr. 3677/90 des Rates vom 13.12.1990 über Maßnahmen gegen die Abzweigung bestimmter Stoffe zur unerlaubten Herstellung von Suchtstoffen und psychotropen Substanzen", Amtsblatt der Europäischen Gemeinschaft, Nr. L 357/1 vom 20.12.1990, niedergelegt. Hierbei handelt es sich um: Epehdrin, Ergometrin, Ergotamin, Lysergsäure, 1–Phenyl-2-Propanone, Pseudoephedrin, Essigsäureanhydrid, Aceton, Anthranilsäure, Ethylether, Phenylessigsäure und Piperidin.

Bei Verdacht auf unerlaubtes Abzweigen der Stoffe ist sofort das Bundeskriminalamt zu informieren.

Darüber hinaus gibt es eine Vielzahl **anderer Chemikalien**, die zur Herstellung von Drogen geeignet sind, insbesondere zur Herstellung von Amphetaminen, z.B. Benzylmethylketon, Ameisensäure, Ammoniak, Jod, Phosphor, Natriumamid, Lösungsmittel, Laugen und Säuren, pp.

Ferner werden oft große Mengen von **Streckstoffen / Verschnittstoffen** gefunden, die im freien Handel erhältlich sind, z.B. Zucker, Stärke, Gips, Backpulver, Kokusnussschale, Calciumverbindungen.

Werden **illegale Laboratorien** entdeckt, so ist sofort ein Fachmann / Chemiker des Landeskriminalamtes hinzuzuziehen oder telefonisch um Rat zu bitten. Das gilt insbesondere, wenn die Gerätschaften und Apparaturen noch in Betrieb sind. Ein laufender Produktionsprozess darf niemals unterbrochen werden. Im Notfall ist nur die Heizenergie abzuschalten; nicht dagegen Kühlwasser, Pumpen, Rührwerke pp. Der vorgefundene Zustand ist fotografisch (Kapitel 3.6.4) zu dokumentieren.

7.3 Legale Rauschmittel

Neben den illegalen Rauschmitteln können kriminalistisch auch legale Rauschmittel von Bedeutung sein. Sie haben jedoch den Vorteil, dass sie unter staatlicher Kontrolle hergestellt und vertrieben werden, so dass eine Reinheits- und Konzentrationsgarantie gegeben ist. Am bedeutendsten sind:

7.3.1 Alkohol

Alkohole sind chemische Verbindungen mit Mydroxyl, die Äthanol bezeichnet werden. Als Grundsubstanz werden Zuckerrübenmelasse (Mutterlauge), Früchte oder Getreide vergoren, danach destilliert und gereinigt. Das so erreichte Destillat wird durch Beimischen von Wasser, Geschmacksstoffen oder anderen Mitteln als alkoholische Getränke, Desinfektionsmittel, Lösungsmittel und Konservierungsstoffe verwendet.

Zur Überwachung der Reinheit und zur Abgabe von Steuern ist das Alkoholmonopol oder Branntweinmonopol eingerichtet worden. Es besteht in Deutschland seit 1919 und wird von der Bundesmonopolverwaltung für Branntwein, mit Sitz in Offenbach, wahrgenommen.

Je nach Genussmenge und Konzentration wirkt Alkohol anregend, berauschend oder vergiftend.

Bei der illegalen Herstellung von trinkbarem Alkohol besteht die Gefahr der Verunreinigung oder falschen Destillation, so dass **Methylalkohol** entsteht. Dieser ist giftig und führt zur Erblindung.

Alkohol führt zur Beeinträchtigung bei der Teilnahme am öffentlichen Straßenverkehr und mindert die Schuldfähigkeit. Alkoholabhängigkeit führt zum unnatürlichen Tod.

Symptome der Überdosierung:

Störungen von Kreislauf, Herztätigkeit, Gleichgewicht und Sehvermögen. Dauerschäden der Leber. Tod durch Atemlähmung.

7.3.2 Tabletten

Tabletten ist die Sammelbezeichnung für Arzneimittel, die in einer flachen Zylinderform gepresst sind. Sie bestehen aus Wirkstoff, Füll-, Gleit- und Bindemittel.

Als Rauschmittel eignen sich die **Psychopharmaka**, die unmittelbar die Aktivitäten des Zentralnervensystems beeinflussen. Diese werden in fünf Gruppen unterschieden:

- **Neuroleptika** unterdrücken Halluzinationen, Wahnvorstellungen, formale Denkstörungen und Ichstörungen.
- **Antidepressiva** hellen die Stimmung auf, vermindern Ängste und steigern den Antrieb.
- **Antikonvulsiva** verhindern wiederkehrende depressive Phasen.
- **Tranquilizer** (engl. tranquill = ruhig, friedlich, sorgenfrei) sind die Verbindungen mit Carbinol-Derivaten, z.B. Meprobamat, sowie Diphenylmethanderitave und Benzodiazepine, z.B. Valium und Librium. Sie mindern Angstzustände, Unruhe, Spannungszustände, Gereiztheit und Schlafstörungen. Sie machen abhängig.
- **Schlafmittel und Beruhigungsmittel** sind die Babiturate und Benzodiazipine, z.B. Valium. Sie fördern das Ein- und Durchschlafen.

Symptome der Überdosierung:

Atemlähmung bis zum Tod.

Tabletteneinnahme führt zur Beeinträchtigung bei der Teilnahme am öffentlichen Straßenverkehr und mindert die Schuldfähigkeit.

7.4 Spurensuche und Spurensicherung

Der Verdacht des Rauschmittelkonsums wird meist über das Verhalten, die Reaktionen oder das Aussehen der Person begründet. Bei intravenösem Konsum sind typische Einstichspuren der Injektionsnadel erkennbar. Dabei ist darauf zu achten, dass die Vene nicht nur in der Armbeuge, sondern auch am Fuß, am Hals oder an andern Stellen eingestochen wird. Deshalb muss der gesamte Körper nach Einstichstellen abgesucht werden.

Der Rauschgiftgenuss und die Konzentration lassen sich im **Blut** und im **Urin** nachweisen. Die Entnahme von Blut oder Urin erfolgt durch einen Arzt, § 81 a StPO.

Die Spurensuche nach illegalem Rauschgift wird erheblich erschwert, weil die Substanzen keine typischen Erscheinungsformen haben. Dies gilt für Form, Konsistenz, Farbe und Geruch. Insofern sind Verdachtsstrategien im Hinblick auf typische Utensilien, Reagenzien, Streckstoffe und Verhaltensweisen von Rauschgiftkonsumenten anzuwenden. Drogenspürhunde (Kapitel 3.5.8) sind sehr hilfreich.

Verdächtige Stoffe können vor Ort mit einem so genannten **Schnelltestverfahren** oder **Vortest** überprüft werden. Die gebräuchlichsten Testsätze werden von den Firmen Merck (Rauschgifttest) und DRG Instruments GmbH (NIK-Test = Narcotics Identifications Kit) vertrieben. Sie eignen sich nicht für alle Drogen und müssen streng nach der Gebrauchsanweisung durchgeführt werden. Die farblichen Reaktionen können auch ausbleiben, obwohl eine Drogensubstanz vorhanden ist. Der Vortest macht deshalb die Laboruntersuchung nicht überflüssig.

Die Spurensuche mit Hilfe von Röntgentechnik ist möglich, aber nicht sicher in der Aussage.

Die Spurensicherung erfolgt im Original. Dabei muss bedacht werden, dass auf dem Verpackungsmaterial **Fingerabdrücke** (Kapitel 4.1.1) gefunden werden können. Darüber hinaus sind Rauschgifte und das Transportbehältnis in Plastikbehältern oder Folie luftdicht zu verpacken.

8 Mineralöle

Mineralöle bestehen aus Kohlenwasserstoff. Dies ist die Sammelbezeichnung für alle **natürlichen** und **technischen Öle**, sowie für die daraus gewonnenen Produkte. Grundsubstanzen sind Erdöl, Ölschiefer und die Hydrierung (Anlagerung von Wasserstoff) von Kohle.

Bei der Herstellung von Mineralölprodukten werden **Additive** (Zusätze) benutzt. Sie dienen in erster Linie der Qualitätsverbesserung, sind aber von Hersteller zu Hersteller sehr verschieden. Dies ermöglicht bei Produkten mit gleichem Verwendungszweck zumindest eine Feststellung der Gruppenzugehörigkeit (Kapitel 2.4.1).

Kriminalistisch haben Mineralölprodukte ihre Bedeutung in der verbotenen Entsorgung und den damit verbundenen Umweltdelikten. Sie können ins Erdreich eingesickert, in das Oberflächen- oder Grundwasser eingeflossen sein oder als Verbrennungsrückstände auftreten.

Darüber hinaus können Steuerdelikte vorliegen, wenn steuerbegünstigte Brennstoffe unzulässig gebraucht werden, z.B. Heizöl als Dieselkraftstoff.

Mineralöle können als Mikrospuren (Kapitel 2.3.1.1) am Täter ein Indiz für die Anwesenheit am Tatort sein. Das gilt ganz besonders bei Branddelikten (Kapitel 12).

Die Spurensuche kann mit starkem Licht, UV-Licht (Kapitel 3.5.1.2) oder mit Gasspürgeräten vorgenommen werden. Dabei ist zu bedenken, dass bestimmte Produkte leicht entzündbar und/oder explosiv sind. Besonders hilfreich sind Suchhunde für Brandbeschleuniger (Kapitel 3.5.8).

Die Spurensicherung erfolgt in lichtgeschützten (Braunglas) und gasdichten Glasflaschen. Sind Mineralölprodukte ins Erdreich eingedrungen, so ist die Sicherung nach Kapitel 6.6 vorzunehmen.

9 Gifte

Gifte sind in der Natur vorkommende oder künstlich hergestellte organische oder anorganische Stoffe, die nach Eindringen in den menschlichen oder tierischen Organismus zu einer Erkrankung, zu bleibenden Gesundheitsstörungen oder zum Tod führen.

Paracelsus (1493-1541) fand hereus, dass darüber hinaus alle Stoffe giftig sein können, wenn sie eine bestimmte Konzentration oder Menge überschreiten. Landläufig ist dies beim Genuss von Alkohol bekannt. Aber auch Medikamente, die eigentlich die Gesundheit fördern sollen, wie zum Beispiel Schlaftabletten oder Insulin, wirken ab einer bestimmten Überdosis tödlich. Ferner gibt es Stoffe, die gar nicht giftig sind, aber durch das eigene Vorhandensein die notwendige Sauerstoffaufnahme verdrängen, z.B. Kohlendioxid, und dadurch als „giftig" erscheinen.

Eine vollständige Aufzählung oder allgemein verbindliche Gruppeneinteilung von Giften gibt es nicht.

Am häufigsten werden die Gifte unterschieden in:
– Pflanzliche Gifte, z.B. Atropin.
– Tierische Gifte, z.B. Bufotenin, Melittin.
– Bakterien Gifte, z.B. Botulinustoxin.
– Umweltgifte, z.B. Quecksilber.
– Gewerbliche Gifte, z.B. Benzol, Müll.
– Genussgifte, z.B. Alkohol, Nikotin.

Unter **kriminalistischen** Gesichtspunkten werden die Gifte nach der Wirkung eingeteilt und gliedern sich demzufolge in vier Gruppen:
a) Der lebensnotwendige Sauerstoff wird verdrängt, z.B. durch Kohlendioxid.
b) Der lebensnotwendige Sauerstoff wird blockiert, z.B. durch Kohlenmonoxid.
c) Die biochemischen Vorgänge in den Körperzellen werden blockiert, z.B. durch Nikotin oder Blausäure.
d) Zerstörung der Organe und/oder Nerven, z.B. durch Alkohol, Arsen oder Quecksilber.

(Ausführlich dazu in *Weihmann*, a.a.O. 2004, Kapitel 22.10.13)

Die kriminalistische Bedeutung von Giften liegt in der Tötung (auch Selbsttötung) oder in der Beeinträchtigung der Gesundheit von Menschen und Tieren und in der illegalen Herstellung.

Das größte Problem liegt in dem **Erkennen von Giften** und im Erkennen von der **Wirkung von Giften** auf den menschlichen und tierischen Körper. Die industrielle Forschung bringt täglich neue Chemikalien hervor, sodass es auch keine abschließende Liste von Giften gibt. Durch die Vielfalt der Chemikalien und der Medikamente sind diese weder an der Konsistenz, der Farbe noch am Geruch zu erkennen. Die klassischen Anzeichen oder Reaktionen für das Vorhandensein von Giften oder für deren Fehlen können heutzutage nicht mehr erwartet werden, weil nicht nur die klassischen Gifte verwendet werden. Darüber hinaus reagiert der menschliche Körper auf die Einnahme von Chemikalien nicht mehr „klassisch", weil er seine Gewohnheiten über Ernährung, Stärkungsmittel, Drogen und Medikamenteneinnahme stark verändert hat. Typische Symptome erscheinen deshalb nicht oder werden vorgetäuscht. Darüber hinaus gibt es viele giftige Substanzen, die keine auffälligen Spuren hinterlassen. **Klarheit** bringt nur eine chemische Untersuchung der Substanz, des Gewebes oder des Blutes.

Die Spurensuche und Spurensicherung richtet sich nach der Art des Giftes und des Spurenträgers.

10 Schusswaffen

Schusswaffen sind kriminalistisch als Spurenverursacher und als Spurenträger von Bedeutung. Sie kommen als Präzisionsgeräte bei der Ausführung von schwer wiegenden Straftaten und bei Selbsttötungen zur Anwendung. Ferner können sie bei Unglücksfällen eine Rolle spielen. Hierbei ist auch die große **Reichweite** der Waffen von Bedeutung, die auch Schaden außerhalb der Sehweite des Schützen anrichten können (Abb. 43). Darüber hinaus kann allein deren Existenz eine waffenrechtliche Straftat darstellen.

Abb. 13: *Reichweite von Geschossen*		
Infanterie-Gewehr	7.000 m	
Jagd-Gewehr	5.000 m	
Pistole	1.500 m	
KK-Gewehr	1.300 m	30°
Flinte	1.200 m	
Schrot, 4 mm	400 m	Abschusswinkel 30°
Schrot, 2 mm	200 m	

Es wird zwischen **Langwaffen** und **Kurzwaffen** unterschieden. Diese Unterscheidung erfolgt anhand der Lauflänge von mehr oder weniger als 30 cm und einer Gesamtlänge von mehr oder weniger als 60 cm.

10.1. Langwaffen

Die Langwaffen (seit dem 14. Jh.), auch Handfeuerwaffen oder **Gewehre** genannt (weil sie tragbar sind), werden als einschüssige Büchsen oder Flinten, Repetiergewehre, Selbstladegewehre oder Automatische (Maschinen-) Gewehre hergestellt.

Einschüssige Waffen müssen nach jedem Schuss entladen, neu geladen und gespannt werden.

Repetierwaffen verfügen über ein Munitionsmagazin. Nach dem Schuss wird durch das manuelle Ent- und Verriegeln des Schlosses die leere Hülse entfernt und eine neue Patrone eingeführt.

Bei **Selbstladewaffen** wird dieser Ladevorgang beim Abfeuern des Schusses mit Hilfe der Explosionsenergie durch die Waffe selbst vorgenommen.

Automatische Waffen laden nicht nur selbst nach, sondern feuern auch den nächsten Schuss selbsttätig ab. Dieser Vorgang wiederholt sich so lange, bis entweder der Abzughahn losgelassen wird oder die Munition verbraucht ist.

Büchsen (mit gezogenem Lauf, Kapitel 10.3.2) oder **Flinten** (mit glattem Lauf) sind **Jagdwaffen**. Sie dürfen Magazine mit maximal zwei Patronen haben oder sind einschüssig. Um aus den einschüssigen Waffen schneller mehrere Schüsse abgeben zu können, sind mehrere Läufe an einer Waffe zusammengefasst. Um Munition für verschiedene Tierarten sofort zur Verfügung zu haben, können glatte und gezogene Läufe kombiniert sein, die über- oder nebeneinander liegen. Die insgesamt zwölf verschiedenen Kombinationen sind durch eine Fachsprache gekennzeichnet (Abb. 43a).

Schusswaffen

Abb. 43a: *Jagdwaffen / Laufkombinationen*		
Büchse		Flinte
Doppelbüchse	Büchsenflinte	Doppelflinte
	Bockbüchsenflinte	
Bockdoppelbüchse	Drilling	Bockdoppelflinte
	Bockdrilling	
Büchsdrilling	Doppelbüchsdrilling	Flintendrilling
	Vierling	

10.2 Kurzwaffen

Kurzwaffen, auch Faustfeuerwaffen genannt, werden als Pistolen (seit dem 15. Jh., Abb. 44) und als Revolver (seit dem 19. Jh., Abb. 45) hergestellt. Der Begriff „Pistol" kommt aus dem Tschechischen und bedeutet Pfeife. Revolver leitet sich aus dem Englischen „to revolve", sich drehen, ab. Das Patronenlager, die Trommel, dreht sich hierbei.

Pistolen haben den Vorteil, über ein Magazin nach jedem Schuss neue Munition nachzuladen. Ist jedoch eine Patrone defekt, so muss mit der Hand nachgeladen werden.

Revolver haben den Vorteil, dass bei fehlerhafter Munition diese über die erneuter Betätigung des Abzugshahns übersprungen und die nächste Patrone benutzt werden kann. Der Nachteil sind die begrenzte Anzahl von sechs oder acht Patronen und der aufwendige Nachladevorgang per Hand.

Die in den 1930er Jahren gebaute **„Dardik"** war ein Versuch, beide Vorteile in einer Waffe zusammenzuführen. Von einem Magazin wurde die seitlich geschlitzte Trommel gefüllt und die Hülsen seitlich ausgeworfen.

Pistolen werden als einschüssige Pistole, Repetierpistole, Selbstladepistole oder Automatische (Maschinen-) Pistole hergestellt. Die Funktionen entsprechen denen der Langwaffen (Kapitel 10.1).

Abb. 44: Pistole

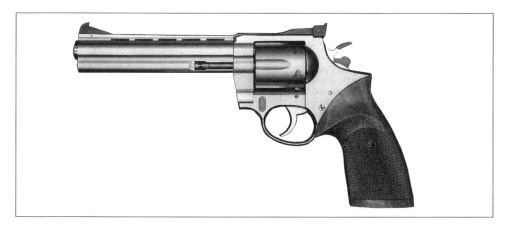

Abb. 45: Revolver

10.3 Spurenbilder

10.3.1 Waffe

An der Waffe können sich **daktyloskopische Spuren** befinden. Dies gilt auch für innenliegende Teile, die beim Zerlegen der Waffe angefasst wurden. Diese Spuren belegen sehr deutlich, dass der Spurenleger die Waffen nicht nur zufällig in der Hand hatte, sondern deren Besitzer war.

Schmauchspuren im Innern der Waffe oder Anhaftungen deuten auf den Gebrauch hin.

Pflegemittel lassen sich nach der Herkunft bestimmen.

Verschleißstellen ermöglichen den Schluss auf die Häufigkeit sowie auf die Art und Weise des Tragens der Waffe.

Beschädigungen individualisieren die Waffe.

Veränderungen deuten auf die kriminelle Energie des Benutzers hin.

Ladezustand und Fundort zeigen die Beziehung und Gebrauchsbereitschaft des Besitzers. War die Waffe gebrauchsfertig und griffbereit gelagert oder gut versteckt?

10.3.2 Lauf

Der Lauf der Waffe ist das Kernstück. Er nimmt die Patrone auf und gibt dem Geschoss die Richtung.

Damit das Geschoss während des Fluges in seiner Lage stabil bleibt und so an Reichweite und Treffgenauigkeit gewinnt, ist der **Lauf gezogen**, d. h. an der Innenseite befinden sich korkenzieherähnliche Riefen. Dadurch erhält das Geschoss eine drehende Bewegung, den **Drall**. Die eingekerbten Teile des Laufes werden **Züge,** die stehen gebliebenen **Felder** genannt (Abb. 46).

Der Durchmesser des Laufes heißt **Kaliber** und wird zwischen den Feldern gemessen. Das Maß wird herkömmlicherweise in Millimeter angegeben. Amerikanische Hersteller geben dieses Maß in Inch = 2,54 cm an. So hat die Pistole „P-38" ein Kaliber von 38/100 Inch = 9,65 mm; der „45er-Colt" ein Kaliber von 11,43 mm.

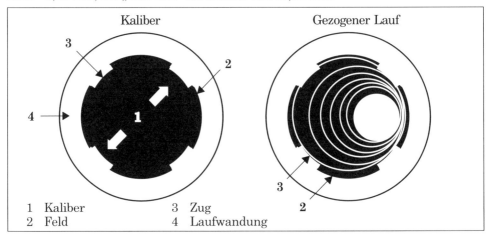

Abb. 46: Gezogener Lauf / Kaliber

10.3.3 Geschoss

Geschossart und Verwendungszweck lassen Rückschlüsse auf das Motiv des Schützen zu. So gibt es spezielle Munition zum Töten von Vögeln, Kleintieren oder großen Tieren sowie zum Sportschießen. Aber auch Spezialgeschosse zum Anhalten von Rechtsbrechern, die Deformationsgeschosse (Abb. 47).

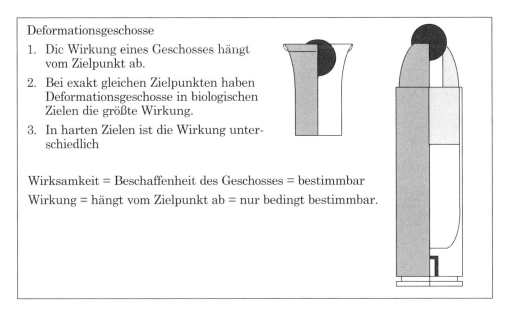

Deformationsgeschosse
1. Die Wirkung eines Geschosses hängt vom Zielpunkt ab.
2. Bei exakt gleichen Zielpunkten haben Deformationsgeschosse in biologischen Zielen die größte Wirkung.
3. In harten Zielen ist die Wirkung unterschiedlich

Wirksamkeit = Beschaffenheit des Geschosses = bestimmbar
Wirkung = hängt vom Zielpunkt ab = nur bedingt bestimmbar.

Abb. 47: Deformationsgeschosse

Darüber hinaus kann das Geschoss in seiner Wirkung verändert werden, wenn die Spitze abgefeilt oder gar ausgehöhlt wird.

Kaliber, Feld- und Zugbreite sowie deren Winkel geben Auskunft über den **Waffentyp**, aus dem geschossen wurde, weil alle Waffenhersteller bemüht sind, ihre Waffen möglichst individuell herzustellen.

Anhaftungen deuten auf die Materie hin, die das Geschoss durchdrungen hat.

Die Lage des Geschosses kann auf den **Standort** des Schützen hinweisen.

Die **Entfernung** zwischen der Einschlagstelle des Geschosses und dem Schützen lässt sich aus der verwendeten Munition, der Art der Waffe und der kinetischen Energie des Geschosses an der Einschlagstelle ermitteln. Unter günstigsten Bedingungen, bei einem Abschusswinkel von 30°, kann ein Jagdgeschoss 5000 m, ein Pistolengeschoss 1 500 m, ein KK-Geshoß 1 300 m und Schrot zwischen 200 und 400 m weit fliegen.

Damit das Geschoss beim Abfeuern durch die Felder im Lauf genügend Drall erhält, ist der Lauf um den Bruchteil eines Millimeters kleiner als das Geschoss. Somit wird das Geschoss durch den Lauf gepresst. Dies verursacht an dem Geschoss **individuelle Spuren** des Laufes, die bei der kriminaltechnischen Untersuchung nachgewiesen werden können. Der Beweiswert ist dem des Fingerabdrucks gleichzusetzen (Abb. 48 und 48a).

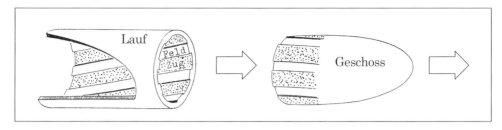

Abb. 48: Geschoss aus gezogenem Lauf

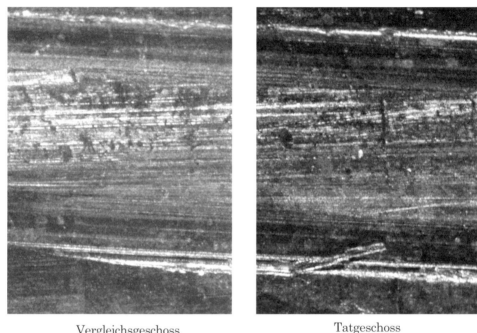

Vergleichsgeschoss   Tatgeschoss

Abb. 48a: Spurenvergleich zwischen Tatgeschoss und Vergleichsgeschoss

10.3.4 Patronenhülse

Waffentechnisch hat die Hülse folgende Bedeutung: Damit das Pulver, mit dem das Geschoss beschleunigt wird, nicht lose in die Waffe gegeben werden muss, befindet es sich in einer Hülse, die auch das Zündplättchen enthält. Dadurch ist ein schnelles und störungsfreies Laden der Waffe möglich.

Modernste **Kriegswaffen** können auf diese Hülse jedoch verzichten, weil das Pulver in derart fester Form hergestellt werden kann, dass es die Hülse ersetzt.

Ist eine Hülse vorhanden, so entstehen daran ebenso **individuelle Spuren** wie am Geschoss. Besondere Merkmale sind hierbei der Eindruck des Schlagbolzens, der Abdruck des Hülsenbodens auf das Patronenlager sowie Auszieher-, Auswerfer- und Magazinspuren (Abb. 49).

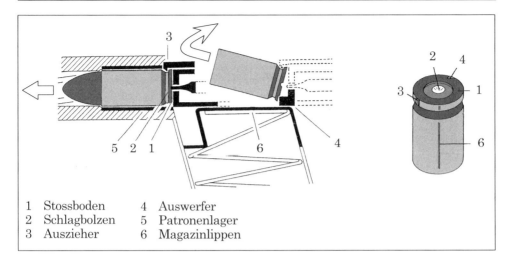

1 Stossboden 4 Auswerfer
2 Schlagbolzen 5 Patronenlager
3 Auszieher 6 Magazinlippen

Abb. 49: Spurenbild an der Hülse

Aber auch **Anhaftungen** und **Fingerspuren** können gefunden werden. Diese sind auch noch vorhanden, wenn das Geschoss abgefeuert wurde.

Die Patronenhülse wird bei Selbstladewaffen und automatischen Waffen am Schiessort aus der Waffe geschleudert und kann dort vorgefunden werden. Bei Revolvern bleibt die Hülse in der Trommel.

Eine Besonderheit stellt die **Schrotpatrone** dar (Abb. 50). Da die Schrotkugeln erheblich kleiner als das Kaliber sind, werden Schrotpatronen aus glatten Läufen verschossen (Kapitel 10.3.2). Damit die Schrotkugeln nicht aus dem Lauf herausfallen, sind die Patronen nach vorn mit einem Abschlussdeckel – aus Karton oder Kunststoff – verschlossen. Dies kann auch dadurch verhindert werden, dass die Patronenhülse an der Spitze eingefalzt wird. Um innerhalb der Patrone eine Vermischung der Kugeln mit dem Pulver zu verhindern, trennt beide ein Filzpfropfen (neuerdings auch ein Kunststoffpilz). Der **Abschlussdeckel** und der **Filzpfropfen** werden beim Schuss mit den Kugeln hinausgeschleudert. Da diese beiden aber ein erheblich geringeres spezifisches Gewicht als die Kugeln haben, wird ihr Flug durch den Luftwiderstand stärker gebremst und schon nach wenigen Metern beendet, sodass sie in der Nähe des Schützen auf den Boden fallen. Beide Teile lassen somit Rückschlüsse auf den Standort des Schützen zu. Kann sein Standort genau bestimmt werden, so geben die Lage von Abschlussdeckel und Filztropfen auch die Schussrichtung an.

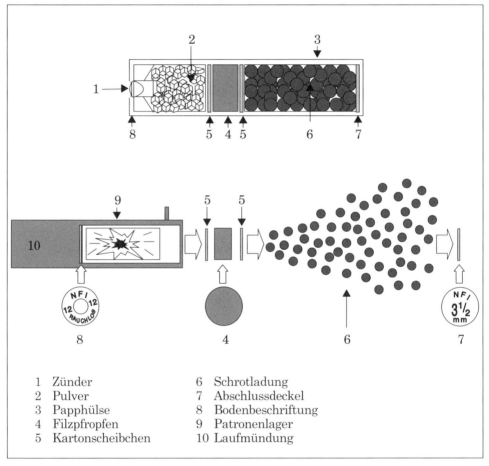

1 Zünder
2 Pulver
3 Papphülse
4 Filzpfropfen
5 Kartonscheibchen
6 Schrotladung
7 Abschlussdeckel
8 Bodenbeschriftung
9 Patronenlager
10 Laufmündung

Abb. 50: *Schrotpatrone*

Ferner ist beim Schrotschuss zu bedenken, dass die Schrotgarbe einer starken **Streuung** unterliegt. Das Trefferfeld ist auf 100 m Entfernung immerhin 18 m breit (Abb. 51).

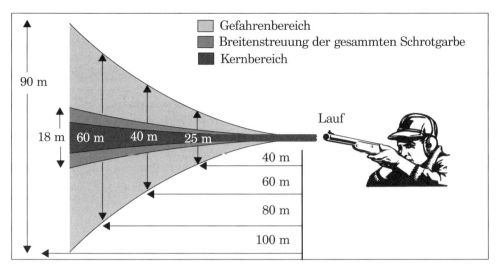

Abb. 51: *Seitliche Abweichung beim Schrotschuss*

10.3.5 Schütze

An der Schusshand befinden sich **Schmauchspuren**. Diese lassen den Schluss zu, Kontakt zu eine Waffe oder Munition gehabt zu haben. Der Beweis, ob tatsächlich geschossen oder die Waffe nur angefasst wurde, lässt sich jedoch nur mit der Feststellung der genauen Schmauchspurenverteilung auf der Hand nachweisen. Dazu müssen beide Hände mit einer speziellen Methode behandelt werden, die nur Mitarbeiter des Erkennungsdienstes beherrschen. Die Hände werden handschuhförmig mit Mull bedeckt und anschließend mit Lösungsmittel bestrichen. Nach dem Austrocknen kann die genaue Lage jedes einzelnen Schmauchpartikels bestimmt werden (*Brünig / Milbradt*, a.a.O. S. 195; *Schyma / Huckenbeck*, a.a.O. S. 581).

Tatverdächtige, die einer solchen Untersuchung unterzogen werden sollen, dürfen sich vorher auf keinen Fall die Hände waschen.

Stehen keine Kräfte zur Verfügung, um die Schmauchspurenverteilung zu sichern, so muss eine **Notsicherung** erfolgen (Kapitel 3.7.3). Mit Klebeplättchen (Leit-Tabs) werden einzeln und nacheinander alle Finger, die Handrücken und Handflächen abgeklebt, nummeriert und gesichert. Sind solche auch nicht vorhanden, so werden mit angefeuchteten Papiertaschentüchern alle Finger einzeln, die Handflächen und die Handrücken abgerieben und in Papierbriefumschlägen getrocknet und aufbewahrt. Da die Schmauchspuren nach dem Trocknen vom Spurenträger abfallen können, sind diese in noch feuchtem Zustand in die Papierumschläge zu legen. Jeder Umschlag ist vor der Spurenaufnahme zu beschriften.

An der **Vorderkante des Ärmels** der Schusshand schlägt sich ebenfalls Schmauch nieder. Hier können die Spuren auch noch nachgewiesen werden, wenn sich der Schütze die Hände gewaschen oder Handschuhe getragen hat. Zum Spurenschutz sind nur die Ärmel in Papiertüten zu stecken.

Rückschlagspuren lassen sich medizinisch an der Schusshand oder an der Schulter nachweisen. Selbstladewaffen verursachen bei unsachgemäßer Handhabung typische Verletzungen.

Allein durch das Anfassen der Waffe werden **Hautpartikel** auf die Waffe, insbesondere an den Schrauben der Griffstücke, übertragen, die mit Hilfe der DNA-Analyse (Kapitel 6.1.3) identifiziert werden können (*Merkel,* a.a.O. S. 799).

Öl- und Pflegemittel für Waffen sind sehr charakteristisch und lassen den Nachweis zu, dass eine Waffe angefasst wurde.

Ständiges Tragen von Kurzwaffen führt zu typischen **Tragespuren** an der Kleidung und diese lassen Rückschlüsse auf die kriminelle Energie zu.

Die **Spurensicherung** muss sehr schnell erfolgen, da sich die Spuren übertragen oder abwaschen lassen. Dabei kommt es ganz wesentlich auf die Hände an.

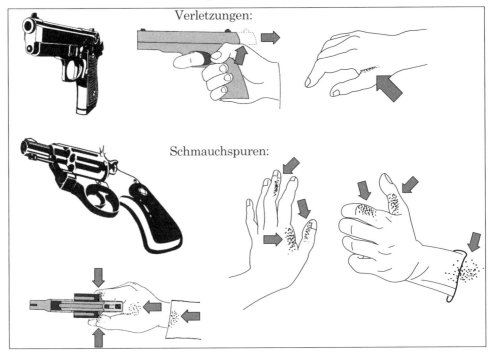

Abb. 52: Verletzungs- und Schmauchspuren an der Schusshand

10.3.6 Trefferfeld / Opfer

Fehlt beim Opfer der Ausschuss, so muss sich das Geschoss noch im Körper befinden. Bei der operativen Entfernung ist der Arzt darauf hinzuweisen, das Geschoss nicht wegzuwerfen und möglichst nicht mit einer Zange festzuhalten. Ist Letzteres aus operationstechnischen Gründen erforderlich, so muss die Zange als neuer Spurenverursacher zu Vergleichszwecken sichergestellt werden.

Schmauchspuren entstehen beim Abfeuern der Munition. Sie bestehen aus verbranntem Pulver, aus Resten von unverbranntem Pulver und aus Schmutzteilchen. Diese Spuren schlagen sich auf der Schusshand, auf dem Ärmel der Schusshand und auf dem Trefferfeld nieder. Letzteres wird **Niederschlagshof** (Abb. 53) genannt. Dabei wird der Niederschlagshof um so größer, je weiter das Trefferfeld vom Schützen entfernt ist. Aus der Größe des Niederschlagshofes kann die Schussentfernung bestimmt werden.

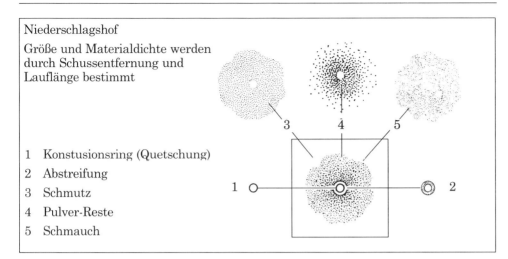

Abb. 53: *Opfer / Trefferfeld*

Die **Spurensicherung** erfolgt im Original. Dabei wird die Kleidung einzeln in luftdurchlässigen Tüten verpackt.

Eine **Stanzmarke** deutet auf einen aufgesetzten Schuss hin. Diese Marke entsteht bei Kopfschüssen. Der beim Schuss austretende Pulverschmauch tritt zwischen Schädelknochen und Haut und presst diese gegen die Laufmündung (Abb. 54).

Beim aufgesetzten Schuss (**Kontaktschuss**) stellt sich die kriminalistische Frage nach **Selbsttötung** oder **Fremdtötung**. Insofern ist eine sorgfältige Spurensuche an der Schusshand, dem Ärmel und an der Waffe notwendig.

Der **Kontusionsring** zeigt sich als bräunlicher „Verbrennungsring" am Einschuss. Er entsteht durch die Reibungsverbrennung, die das Geschoss beim Durchdringen der Haut erzeugt.

Die Sicherung der Verletzungen erfolgt durch Beschreibung (Kapitel 3.6.6) und durch Fotografie (Kapitel 3.6.4).

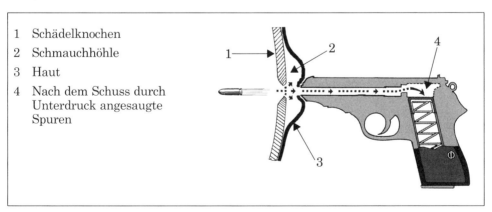

Abb. 54: *Kontaktschuss / Kopfschuss*

10.4 Sicherung

Bei kriminell benutzten Waffen muss davon ausgegangen werden, dass an den Waffen manipuliert wurde. Jede Manipulation erhöht das Risiko der Schussabgabe oder der Explosion von Waffenteilen. Insofern ist **besondere Vorsicht** geboten.

Bei der Spurensicherung kommt es im Wesentlichen darauf an, ob die Waffe als Beweismittel für eine inkriminierte Schussabgabe benötigt wird oder nicht.

Ist die akute Schussabgabe auch Ziel der Beweisführung, so darf die Waffe lediglich entladen und gesichert werden. Alle weiteren Untersuchungen werden durch das **Landeskriminalamt** vorgenommen.

Dient die Waffe nicht als Beweis für eine akute Schussabgabe, so wird sie in Nordrhein-Westfalen bei den Kriminalhauptstellen untersucht und beschossen. In den übrigen Bundesländern geschieht dies bei den Landeskriminalämtern.

Der Beschuss erfolgt bei jeder sichergestellten Waffe, um die hierbei erhaltene Munition, mit den individuellen Merkmalen am Geschoss und an der Hülse, mit der **Tatortmunitionssammlung** beim Bundeskriminalamt zu vergleichen.

Waffen- und Munitionsfunde unterliegen mit dem Vordruck „KP 27" dem kriminalpolizeilichen **Meldedienst (KPMD)** (*Rahm*, a.a.O. S. 586).

11 Schriften / Urkunden / Ausweise

Schreiben ist ein System graphischer Zeichen zum Zwecke der Kommunikation. Es ist die Umsetzung von Gedanken in Zeichen. Diese können auf einen festen Träger gemalt, geritzt, gekerbt oder gedruckt werden.

Die Schrift hat sich in den Kulturvölkern verschieden entwickelt. So unterscheidet man heute viele Schriftarten, z.B. Arabisch, Chinesisch, Griechisch, Hebräisch, Japanisch, Koptisch, Kyrillisch oder Lateinisch.

Mit dem Öffnen der Grenzen zwischen den Staaten haben auch fremde Schriften Bedeutung erlangt (z.B. durch den Reisepass, die Fahrerlaubnis, den Kraftfahrzeugschein, das Gesundheitszeugnis etc.). Andererseits zwingt die Globalisierung der Wirtschaft, Wissenschaft und Kunst zur Nutzung einer einheitlichen Sprache und Schrift, z.B. durch das Internet, die Börse oder den Flugverkehr. Gleichwohl wird es immer kulturell unterschiedliche Sprachen und Schriften geben, wie dies heutzutage sogar innerhalb von Staaten der Fall ist, z.B. in Belgien, Kanada oder der Schweiz.

Urkunden sind verkörperte (auf Schriftträger festgehaltene) allgemein oder für Eingeweihte verständliche, menschliche Gedankenerklärungen, die geeignet und bestimmt sind, im Rechtsverkehr Beweis zu erbringen und ihren Aussteller erkennen lassen (BGHSt 3, 85) und die unter strafrechtlichem Schutz stehen (§ 267 StGB). Man unterscheidet private und öffentliche Urkunden. Letztere sind durch öffentliche Behörden oder eine mit öffentlichem Glauben versehene Person erstellt, z.B. Notar, Standesbeamter, Amtsarzt.

Ausweise sind öffentliche oder private Urkunden, die eine Person oder Mitgliedschaft beglaubigen (Legitimation), z.B. Personalausweis, Pass, Bankausweis (Scheckkarte), Clubausweis.

Um Ausweise möglichst fälschungssicher zu machen, werden sie mit Lichtbildern, Fingerabdrücken, biometrischen Angaben und/oder elektromagnetischen Kodierungen versehen. Darüber hinaus können sie einen Schutzüberzug erhalten, der sich bei Manipulationen zerstört.

11.1 Handschrift / Unterschrift

Als Handschrift bezeichnet man den sichtbaren Ausdruck der individuellen Schreibbewegung. Die Handschrift ist von der körperlichen und seelischen Verfassung und vom Lebensalter abhängig, wobei Letzteres im Allgemeinen mit Übung zusammenhängt. In den feinen Einzelheiten kann die Handschrift nicht nachgeahmt werden und ist daher als **Unterschrift** (BGH in NStZ 1997, 3380 [3381]) *(Seibt*, a.a.O. S. 175) rechtsverbindlich.

Gepflogenheiten aus den historischen Handschriften auf Papier (ab 13. Jh.) werden bis heute praktiziert. So wurden dort bereits wichtige Stellen mit roten Buchstaben hervorgehoben (rubriziert) und die Anfangsbuchstaben von größeren Kapiteln kunstvoll ausgemalt (Initialen).

Handschriften auf Wänden oder an Bäumen lassen einen Schluss auf die Körpergröße des Schreibers zu, da die Schreibhand im Regelfall in Höhe der Augen geführt wird.

Kriminalistische Bedeutung hat die Handschrift insbesondere bei Unterschriften, aber auch bei Abschiedsbriefen, Testamenten, Beleidigungsschreiben, selten bei Erpresserschreiben.

Die Unterschrift wird am häufigsten gefälscht. Dies kann durch Freihandfälschung, mit Durchdrücken, Durchpausen oder mittels Scanner erfolgen. Fälschungen können auch mit Unterschriftsautomaten (**Faksimile**) vorgenommen werden. Eine solche Fälschung ist leicht festzustellen, da die Berechtigten ihre Unterschrift mit verschiedenen Merkmalen für unterschiedliche Zwecke drucken lassen, z.B. für Werbung, für Standardantwortbriefe oder für Geldbeträge bis zu einer bestimmten Höhe. Die Besonderheiten sind nur dem Berechtigten bekannt.

Mit einem **Scanner** aufgenommene und mit Personalcomputer bearbeitete Unterschriften können mit einem Tintenstrahldrucker beliebig oft wiederholt werden. Die Erkennungsmerkmale liegen beim fehlenden Druck des Schreibgerätes auf dem Schriftträger, an der seitlichen Führung der Tintenpatrone, die nicht dem Strichzug folgt, und in der immer gleichen Zusammensetzung der Tinte.

Die **Freihandfälschung** kann vom Gutachter erkannt werden, da die Handschrift in den feinen Einzelheiten und in den Druckverhältnissen auf die Unterlage nicht nachgeahmt werden kann. Insofern kann in einem Vergleich die Fälschung festgestellt werden.

Da der Freihandfälscher auch seine individuellen Merkmale in der Fälschung hinterlassen hat, kann er bei einem Vergleich als Schreiber identifiziert werden. Dazu bedarf es der Vergleichsschriftprobe vom Tatverdächtigen.

Beim **Durchdrücken** und **Durchpausen** fehlt die zügige Strichführung, weil der Fälscher dem Original langsam und mit entsprechendem Druck folgen muss. Das führt zu einem „wackeligen" Strich. Eine solche Strichführung kann allerdings auch altersbedingt sein.

Liegen ganze **Schriftstücke** vor, so ist das aus der Sicht der Beweisführung vorteilhaft, da mehr Schriftgut zur Verfügung steht. Dies erlaubt auch, psychische Veränderungen des Schreibers zu erkennen. So muss z.B. die Erregung vor der Selbsttötung in einem **Abschiedsbrief** erkennbar sein oder das Schriftbild in einem **Testament** mit der altersbedingten Schrift des Verstorbenen übereinstimmen.

Handgeschriebene Schriftstücke mit strafbarem Inhalt werden hauptsächlich noch im Milieu gefertigt und haben beleidigenden Charakter. Ansonsten bedienen sich Straftäter anderer Schreib- oder Druckmethoden, insbesondere bei Erpresserbriefen oder denunzierenden Schreiben.

Die Spurensuche muss mit Hilfe der kriminalistischen Fallanalyse (*Weihmann*, a.a.O. 2004, S. 127) dort durchgeführt werden, wo die Fälschung vermutet wird.

Die Spurensicherung erfolgt im Original.

Entscheidend für die Beweisführung im Bereich der Handschriftenfälschung ist das **Vergleichsmaterial**. Hier sollte möglichst auf älteres Originalschriftgut beim Verdächtigen oder bei amtlichen Stellen zurückgegriffen werden.

Ist das nicht möglich, so muss Vergleichsmaterial durch eine **Handschriftenprobe** erstellt werden. Das setzt aber die Kooperationsbereitschaft des Tatverdächtigen voraus. Entscheidend ist, dass dem Verdächtigen niemals die Originalschrift gezeigt wird. Die Probe wird durch ein Diktat erstellt. Das hat den Vorteil, dass auch die persönliche Art der Rechtschreibung niedergelegt wird. Der Text sollte eine Seite (DIN-A-4) umfassen und die Wörter enthalten, die im Originalschreiben vorhanden sind.

Sollen nur einzelne Wörter geschrieben werden, so sind sie jeweils zwanzigmal zu schreiben. Diese Wörter sind auf nummerierte Zettel zu schreiben, die nach jeder Probe einzusammeln sind, damit der Schreiber das bisher Geschriebene nicht mehr sieht.

Über das Erstellen des Vergleichsmaterials ist ein ausführliches Protokoll zu fertigen und dem Untersuchungsantrag (Kapitel 20.3) beizufügen.

11.2 Graffiti

Eine besondere Art der Handschrift ist das Graffiti. Es ist dem Italienischen entlehnt und bedeutet das Einritzen oder Kratzen von Texten oder Bildern auf Wänden, was schon aus der Antike bekannt ist. Seit den 1970er Jahren erscheint Graffiti als aufgesprühte Farbmittel auf Bauwerken und auf Verkehrsmitteln, wie Busse, U-Bahnen, Eisenbahnen oder anderen Gegenständen und versteht sich selbst als Kunstrichtung. Über diesen Bereich hinaus soll es eine Ausdrucksmöglichkeit der politischen Diskussion sein.

Durch Graffiti werden erhebliche Sachschäden an Bauwerken und Fahrzeugen angerichtet. Allein in Berlin entsteht pro Jahr ein Schaden in Höhe von 50 Millionen Euro (FAZ vom 8.4.2005, Titelseite). Ebenso wird das Sicherheitsgefühl der Bürger negativ beeinflusst, wenn Graffiti nicht konsequent bekämpft wird (*Rölle / Flade*, a.a.O. S. 774). Darüber hinaus gefährden sich die Sprayer oft an Leib und Leben, wenn sie an gefährlichen Stellen, meist bei Dunkelheit, ihre Bilder und Schriften sprühen, sodass Graffiti kriminalistische Bedeutung hat.

Da es sich um eine Handschrift handelt, ist sie dem Schreiber individuell zuzuordnen. Dies kann über die Schrift, das Bild und über die Farbzusammensetzung (Kapitel 6.10) erfolgen. Die Körpergröße ist anhand des Schriftbildes nicht abzuleiten, da die Abbildungen selbst oft körpergroß sind und somit die „Augenhöhe" fehlt.

Die Spurensicherung erfolgt fotografisch (Kapitel 3.6.4). Dabei sollten möglichst digitale Fotoapparate oder Videogeräte eingesetzt werden, damit die Bilder mit Computerprogrammen verglichen werden können (*Winko*, a.a.O. S. 483).

11.3 Klebebuchstaben / Zeitungsausschnitte

Um die Identifizierung des Schreibers auszuschließen, werden Klebebuchstaben oder ausgeschnittene Buchstaben oder Wörter aus Zeitungen verwendet.

Da die Buchstaben zusammenhängend aufgeklebt werden müssen, besteht über den verwendeten Klebstoff und den Schriftträger eine Identifizierungsmöglichkeit. Besonders günstig ist dies, wenn der Klebstoff angefeuchtet werden muss. Ist dafür Speichel (Kapitel 6.3.3) verwendet worden, so ist eine DNA-Analyse (Kapitel 6.1.3) möglich.

Buchstaben oder Wörter aus Zeitungen müssen herausgetrennt werden und ergeben somit Passstücke (Kapitel 2.3.2.2).

Bei der Spurensuche ist besonderer Augenmerk auf Reste der Klebebuchstaben, auf Klebstoffe und auf Zeitungsreste zu legen. Papierkörbe und (Alt-)Zeitungsablagen sind auch zu durchsuchen.

Die Spurensicherung erfolgt im Original.

11.4 Schreibschablonen

Schablonen sind ausgeschnittene oder ausgestanzte Buchstabenformen, mit denen Werbe- oder Normschrift hergestellt werden kann. Sie ermöglichen das Fertigen von gleich aussehenden Schriften, ohne die individuellen Merkmale der eigenen Handschrift zu übertragen.

Schablonenschrift ist der Übergang von der Handschrift zur Maschinenschrift. Gleichwohl lassen sich besondere Merkmale erkennen, z.B. der Winkel der Haltung des Schreibgerätes oder der Druck auf den Schriftträger. Die Art der Schreibschablone kann als Gruppenzugehörigkeit (Kapitel 2.4.1) festgestellt werden.

11.5 Schreibmittel

Im Bereich der Handschrift steht das Schreibmittel als Materialspur zur Verfügung. Es kann in seiner chemischen Zusammensetzung festgestellt und zugeordnet werden. In der Gruppenidentifizierung (Kapitel 2.4.1) lässt es Rückschlüsse auf den Hersteller oder den Verwendungszweck zu. Durch persönliche Zugaben oder Mischungen lässt sich eine individuelle Identifizierung (Kapitel 2.4.2) erreichen.

Die Spurensicherung erfolgt im Original.

11.6 Geräte und Maschinen

Die zunehmende Technisierung hat auch die Geräte und Maschinen zur Herstellung von Schrift wesentlich verändert. Es sind heute nicht nur Schreibmaschinen, Druckmaschinen oder Stempel, sondern als Massenprodukte im Wesentlichen elektronische und elektromechanische Gerätschaften, insbesondere Computer-Drucker, die zum Einsatz kommen.

11.6.1 Schreibmaschinen

Unter Schreibmaschinen im engeren Sinne versteht man maschinelle Schreibgeräte, die durch Tastenanschlag Typen von Buchstaben, Ziffern, Satzzeichen oder Sonderzeichen mit Hilfe eines **Farbbandes** auf Papierbogen „stempeln". Wenn auch in den Industrieländern die Schreibmaschinen überwiegend von den PC-Druckern abgelöst worden sind, so haben sie wegen der Globalisierung nach wie vor Bedeutung, z.B. bei der Herstellung von Dokumenten aus so genannten Entwicklungsländern.

Man unterscheidet mechanische, elektromechanische und Speicherschreibmaschinen.

Bei **mechanischen Maschinen** wird der individuelle Anschlagdruck des Menschen über die Typenhebel unmittelbar auf das Papier übertragen. Dadurch erzeugen die Buchstaben verschieden tiefe Eindrücke in dem Papier. Bei ungeübten Schreibern entstehen so reliefartige Verformungen oder perforierte Schriftträger. Das Schriftbild lässt auch Aussagen zu, ob mit Zehnfinger-System oder anders geschrieben wurde.

Bei **elektromechanischen Maschinen** wird durch den Schreiber mit den Tasten ein elektrischer Kontakt geschlossen, wodurch über einen Elektromotor die Typen auf das Papier geschlagen werden. Dadurch wird ein gleichmäßiger Anschlag erreicht. Der individuelle Tastendruck wird nicht mehr übertragen.

Speicherschreibmaschinen bestehen aus einem elektromechanischen Schreibwerk und einem Diskettenlaufwerk, in dem der Schreibvorgang bearbeitet und abgespeichert werden kann. Der Schreibbefehl erfolgt hier nicht für jedes einzelne Zeichen, sondern für das gesamte Schreibgut. Auch hier wird der individuelle Tastendruck nicht mehr übertragen.

Die **Schreibwerke** der Maschinen unterscheiden sich nach Typenhebel, Schreibkopf sowie Typenrad und bedingen eine schnellere Schreibgeschwindigkeit und/oder größere Robustheit. Schreibkopf und Typenrad lassen sich mit einfachen Handgriffen austauschen, sodass verschiedene Schriftarten möglich sind. Verschleiß, Veränderungen oder Beschädigungen an den Schreibwerken werden auf die Schrift übertragen und können so erkannt und mit einer verdächtigen Schreibmaschine verglichen werden.

Zum **Schreibvorgang** werden Typen, Papier und ein Farbband benötigt. Darüber hinaus sind komfortable Maschinen mit einem Korrekturband ausgerüstet, um während des Schreibvorgangs Tippfehler auszugleichen.

Farbbänder werden verschiedenartig hergestellt:
- Carbonbänder sind aus Kunststofffilm, auf dem die Schriftfarbe in fester Form aufgeschichtet ist. Sie können nur einmal verwendet werden. Durch den Schreibvorgang schlagen die Typen die Zeichenform aus dem Farbband heraus und „kleben" es auf das Papier. Die herausgeschlagenen Stellen können umgekehrt (invers) auf dem Farbband gelesen werden.
- Korrekturbänder sind mit Klebstoff beschichtet und können Zeichen von Carbonbändern wieder vom Papier entfernen. Die Buchstaben kleben sodann an dem Korrekturband und können dort gelesen werden.
- Textilfarbbänder sind für die mehrmalige Nutzung hergestellt, wobei die Maschine den Vor- und Zurücklauf des Farbbandes automatisch regelt. Textilfarbbänder werden einfarbig oder zweifarbig hergestellt. Das Lesen der Schrift ist auf dem Farbband nur möglich, wenn es erst einmal im Durchlauf benutzt wurde. Bei zweifarbigen Farbbändern sind Buchstaben unmittelbar nach dem Umschalten auf die andere Farbe lesbar, weil an den Typen noch Reste der ersten Farbe haften.

Die **Spurensuche** erfolgt nach der Schreibmaschine, nach verschiedenen Schreibköpfen oder Typenrädern, nach dem Farbband und nach dem Korrekturband. Bei der Verwendung von Carbonbändern ist auch nach der „Entsorgungskiste" zu suchen, um die bereits benutzten Bänder zu finden.

Die Spurensicherung erfolgt im Original.

Über das Anfertigen von **Vergleichsschreiben** sind mit dem Gutachter Absprachen zu treffen. Dabei geht es insbesondere um die Verwendung von Farbbändern und um das Feststellen von Ablagerungen in einzelnen Typen (*Frensel / Howorka*, a.a.O. S. 251).

11.6.2 Druckmaschinen

Das Drucken ist seit alters her bekannt und besteht aus dem Aufdrücken einer eingefärbten Platte auf feste Materialien. Zunächst nur als Bilderdruck mit Stempeln praktiziert, entwickelte es sich weiter über den Schriftdruck mit Letternplatten. *Johannes Gutenberg* erfand 1434 die wieder verwendbaren, beweglichen, metallischen Lettern, was die Buchdruckerkunst erheblich vereinfachte.

Die Technisierung ist auch hier in den letzten Jahren erheblich fortgeschritten, sodass man heute den Industriedruck und den Privatdruck unterscheidet. Für die Herstellung von qualitativ guten Drucken und großen Stückzahlen sind hohe Investitionskosten erforderlich. Deshalb wurden verschiedene Arbeitsprinzipien entwickelt.

11.6.2.1 Arbeitsprinzipien

Die Arbeitsprinzipien regeln die Abläufe von Druckwerk, Druckfarbe sowie den Zu- und Ablauf des Trägermaterials.

Beim **Tiegeldruck** wird Fläche gegen Fläche gearbeitet. Das Trägermaterial wird seitenweise vorgelegt und entnommen. Dazwischen wird das Druckwerk mit einer Farbwalze neu beschichtet.

Beim **Flachformzylinderdruck** bleibt das Trägermaterial flächenförmig, das Druckwerk rollt sich jedoch als Zylinder darüber.

Beim **Rotationsdruck** besteht das Druckwerk aus rotierenden Zylindern, die Farbe wird über gegenlaufende Rollen aufgebracht und das Trägermaterial läuft als Endlosband an dem Druckzylinder vorbei. Diese Technik wird vor allem im Zeitungsdruck verwendet. Sie ermöglicht die Herstellung von großen Mengen in kurzer Zeit.

Mit der Verbreitung von **Personalcomputern** und den dazugehörigen Druckern ist ein wahrer Druckboom eingetreten. Nach relativ geringen Anschaffungskosten können mit ebenso geringen Kosten auch qualitativ anspruchsvolle und im Layout ansprechende Druckerzeugnisse erstellt werden. Nach dem Druckerprinzip unterscheidet man:

Nadeldrucker, die wie eine Schreibmaschine arbeiten, jedoch nur eine Type besitzen, die aus 24, einzeln beweglichen Nadeln besteht. Diese Nadeln werden elektromagnetisch so gesteuert, dass damit jedes Zeichen gedruckt werden kann. Mit solchen Druckern können gleichzeitig mehrere Durchschläge erstellt werden, z.B. Formulare. Da sich Druckerkopf und Schriftträger berühren, können Verschleiß, Veränderungen oder Beschädigungen auftreten, die sich auf das Schriftgut übertragen und im Vergleich nachzuweisen sind.

Tintenstrahldrucker spritzen die Tinte durch ein Sieb (Druckerkopf) mit 56 mikroskopisch kleinen Löchern. Da jedes Loch einzeln angesteuert werden kann, sind alle Typen und alle Schriftgrößen damit druckbar. Das Schreibgerät berührt das Trägermaterial nicht mehr, sondern schwebt darüber. Es tritt somit kein Benutzungsverschleiß ein.

Der **Druckerkopf** bewegt sich stets quer zum Papiervorschub, sodass die Schrift nicht dem Linienverlauf folgt, vielmehr wird die Tinte jeweils an den eingefärbten Stellen aufgespritzt. Je nach Schriftgröße werden bei einer Seitenbewegung Teile von Buchstaben oder mehrere Zeilen gleichzeitig „gedruckt". Bei Querformaten erfolgt der Druck „chinesisch" (von oben nach unten).

Solche Drucker arbeiten mit zwei verschiedenen **Tintensystemen**. Eine Art hat einen festen Druckerkopf, in den nur die Tinte nachgefüllt werden muss. Die andere integriert die Tintenpatrone in den Druckerkopf, sodass dieser bei jeder Tintennachfüllung auch gewechselt wird.

Bei der Ermittlung des **Erstellungsdatums von Schriftstücken** kann neben der herkömmlichen Altersbestimmung (Kapitel 11.8) bei Tintenstrahldruckern auch eine Vergleichsuntersuchung anhand der veränderten Merkmale des Druckerkopfes vorgenommen werden. Da die Tinte durch mikroskopisch kleine Löcher auf das Papier gespritzt wird, können diese teilweise verstopfen, was zu einem, mit dem bloßen Auge nicht erkennbaren, veränderten Schriftbild führt. Diese Veränderung schreitet unaufhaltsam fort, bis die Schrift unansehnlich erscheint und der Druckerkopf ausgetauscht oder gereinigt wird. Wird jetzt behauptet, ein Schriftstück sei zu einem bestimmten Zeitpunkt erstellt worden, so kann ein Vergleich mit anderen Schriftstücken vorgenommen werden, die auf demselben Drucker erstellt worden sind und deren Datierung zweifelsfrei ist. Stimmt die Behauptung, so müssen beide Schriftstücke dieselben Abweichungen im Schriftbild zeigen. Diese Untersuchung kann auch vorgenommen werden, wenn mit der Tintenpatrone der Druckerkopf ausgewechselt wird, weil hierbei nicht das inkriminierte Schriftstück mit dem vorhandenen Druckerkopf, sondern mit einem Schriftstück, das auf demselben Drucker zu der selben Zeit entstanden ist, verglichen wird.

Laserdrucker benutzen Kopierer-Toner und eine Halbleitertrommel als Druckwerk. Durch den Laser werden einzelne Zeichen auf die Trommel und von dort auf das Trägermaterial übertragen. Dabei wird der Toner erhitzt. Das System ermöglicht einen sehr schnellen Druck, wobei gleichzeitig eine hohe Druckqualität erreicht wird.

Plotter sind Schreib- und Zeichengeräte, bei denen das Zeichengerät eingespannt und zweidimensional über das Trägermaterial geführt wird. Das Gerät kann tatsächliche Kurven, Parabeln und Diagonalen zeichnen, weil das Zeichengerät dem Linienverlauf folgt.

Mit Tintenstrahldruckern, Laserdruckern und Plottern lassen sich **Handschriften** nachahmen. Dabei folgt der Plotter dem tatsächlichen Linienverlauf der Schrift.

Kopierer funktionieren wie Laserdrucker (siehe oben), nur dass der Text insgesamt auf die Halbleitertrommel übertragen wird. In der Qualität sind sie sehr unterschiedlich. Das zeigt sich insbesondere unter dem Mikroskop. Besonders gute Kopierer können sogar den **Irisdruck** (stufenloser Übergang verschiedener Farben) vornehmen und damit Geldscheine farbecht und linientreu wiedergeben.

Bei einfachen Geräten werden kleinste Teile der Druckvorlage nicht weitergegeben. Diese Eigenschaft ist für die Anonymisierung von Schriften von Vorteil. So kann die Herkunft eines Schriftstückes nicht mehr festgestellt werden, wenn es kopiert und die Kopie wieder als neue Vorlage genommen und dieser Vorgang mehrmals wiederholt wird (Kopie von der Kopie). Die Veränderung ist so groß, dass eine Übereinstimmung mit Vergleichsmaterial nicht mehr möglich ist.

Stempel können als Aufdruck oder Relief eingesetzt werden.

Aufdruckstempel werden mit Stempelfarbe angefeuchtet und auf das Dokument gedrückt. Dabei ist die Lage des Stempelmusters stets unterschiedlich, weil der Stempel mit der Hand geführt wird.

So genannte **Siegelstempel** enthalten eine Individualnummer. Aus der Nummer kann geschlossen werden, ob das Siegel von dem zuständigen Sachgebiet aufgedruckt wurde.

Prägestempel (Prägesiegel) geben einen dreidimensionalen Abdruck (Relief) und lassen damit auch Höhenunterschiede erkennen. Der Stempel besteht aus Ober- und Unterplatte, die sich ergänzen.

Die Spurensicherung erfolgt im Original.

11.6.2.2 Industriedruck

Im Industriedruck werden verschiedene Verfahren angewendet, die im Wesentlichen die Qualität beeinflussen und/oder größere Stückzahlen ermöglichen.

Beim **Hochdruck** stehen die druckenden Stellen hervor, werden eingefärbt und geben diese an das Trägermaterial weiter.

Beim **Flachdruck** liegen die druckenden und nichtdruckenden Teile auf einer Ebene. Die Druckform ist aber chemisch so behandelt, dass nur die druckenden Flächen Farbe annehmen und weitergeben.

Beim **Tiefdruck** liegen die druckenden Stellen vertieft. In sie wird dünnflüssige Farbe gegeben und die hoch liegenden Stellen werden gereinigt. Mit dem Verfahren können mehrere Trägermaterialien bedruckt werden, ohne jedes Mal Farbe aufzutragen.

Beim **Durchdruck** wird die Farbe durch eine Schablone oder ein Sieb auf das Trägermaterial gebracht.

11.7 Trägermaterial / Schriftträger

Der Schriftträger selbst ist Materialspur (Kapitel 2.3.2.1 und 6) und kann sowohl in seiner chemischen Zusammensetzung als auch in den physikalischen Strukturen untersucht werden. Die physikalische Struktur zeigt z.B. das Wasserzeichen, den Kleberand bei Blockabriss oder die Perforation. Dies sind Gruppenmerkmale (Kapitel 2.4.1) oder Passstücke (Kapitel 2.3.2.2). Darüber hinaus erfolgt eine physikalische Veränderung durch den Druck des Schreibgerätes.

Besondere Probleme entstehen bei chlorgebleichtem Papier, das sich im Laufe der Jahre selbst zerstört und brüchig wird.

Ist die **Schrift unleserlich**, so kann das verschiedene Gründe haben:
– Die Schrift ist mit einem Tintenstrahldrucker oder Laserdrucker in der Schriftgröße „Eins" oder kleiner gefertigt worden und wirkt bei oberflächlicher Betrachtung wie ein Strich.
– Die Schrift wurde mechanisch oder chemisch entfernt.
– Es handelt sich um ein Folgeblatt eines Schreibblocks, sodass nur Durchdruckspuren vorhanden sind.
– Die Schrift ist durch „Überklecksen" mit dem gleichen Schreibmittel unleserlich geworden.
– Die Schrift ist durch Lichteinwirkung oder durch Abschleißen (ständiges Anfassen) unleserlich geworden.
– Das Schreibmittel unterscheidet sich in der Farbe kaum von Schriftträger.
– Der Schriftträger ist feucht, aufgeweicht oder vermodert.
– Der Schriftträger ist verkohlt.

Die Spurensuche kann mit Hilfe von UV-Licht (Kapitel 3.5.1.2) erfolgen.

Die **Spurensicherung** ist sehr unterschiedlich:

Im ersten Fall ist eine Lupe oder ein Mikroskop hilfreich. In den übrigen Fallgruppen sind die Originalspuren in Papierbriefumschlägen zu sichern. Im Untersuchungslabor bestehen viele Möglichkeiten, die Schrift wieder leserlich zu machen.

Werden feuchte oder aufgeweichte Schriftträger als Einzelblätter gesichert, so können diese an der Luft bei Zimmertemperatur getrocknet und anschließend in Papierbriefumschlägen gesichert werden.

Werden Papierbündel **feucht**, aufgeweicht oder vermodert aufgefunden, so besteht die Gefahr, dass sie durch Trocknung brüchig werden und sich unter Umständen pulverisieren. Darüber hinaus können sich Papierschichten untrennbar verfilzen, sodass die Schrift nicht mehr erkennbar ist. In solchen Fällen ist der Spurenträger in verschlossenen Plastikbehältern sofort dem Untersuchungslabor zu überbringen. Es empfiehlt sich, vor der Sicherung mit dem Sachverständigen telefonischen Kontakt aufzunehmen und ihn unter Umständen zum Fundort zu bitten (Kapitel 3.10). Ist ein sofortiger Kontakt mit Fachleuten nicht möglich, so kann das Papierbündel bei mindestens -18° C eingefroren werden.

Durch **Wärme und Feuer** erreichen Schriftträger einen unterschiedlichen Grad der Zerstörung. Das hängt im Wesentlichen von der Höhe der Temperatur ab. Bei Wärmeeinwirkung trocknet Papier zunächst aus. Danach wird die Oberfläche gelb, braun, schwarz und schließlich weiß. Bei einer braunen bis schwarzen Oberfläche spricht man von Verkohlen, bei weißer von Verbrennen. Die beim Verbrennen zurückgebliebene Weißasche ist so pulverisiert, dass sie bei der kleinsten mechanische Berührung oder beim kleinsten Luftzug in sich zusammenfällt. Verkohltes Papier hat dagegen noch eine gewisse Festigkeit.

Die **Spurensuche** sollte zunächst mit UV-Licht (Kapitel 3.5.1.2) erfolgen, um so eine eventuell vorhandene Schrift zu lesen (z.B. Zigarettenmarke).

Die **Spurensicherung** kann mittels Fotografie (Kapitel 3.6.4) erfolgen. Ist jedoch die Sicherung des Originals beabsichtigt, so sollte auch hier zunächst mit dem Sachverständigen telefonisch Kontakt aufgenommen und sein Rat eingeholt werden.

Es gibt keine allgemein gültige Methode, solche Spuren zu sichern. Besonders wichtig ist, ob der Spurenträger in seiner chemischen Zusammensetzung untersucht werden soll oder nicht. Ist dies der Fall, so dürfen keine Stabilisierungsmittel eingesetzt werden. Ist das nicht beabsichtigt, so kann der Spurenträger vorsichtig mit Haarspray eingesprüht werden. Danach wird ein leichter Karton unter den Spurenträger geschoben, dieser wird damit aufgenommen und in ein Glasgefäß gelegt. Auch diese Spur ist dem Untersuchungslabor sofort zu überbringen.

11.8 Alter

Schreibmittel und Schriftträger sind dem Alterungsprozess unterworfen, sodass eine Altersbestimmung (Kapitel 2.4.3) auch ohne Datumsangabe möglich ist.

Darüber hinaus gibt es sich ständig weiter entwickelnde Fertigungsprozesse, sodass die chemische Zusammensetzung oder die physikalische Bearbeitung dem Zeitpunkt der Herstellung entsprechen.

Ferner unterliegen Schreibformen und Rechtschreibung dem Wandel der Zeit und müssen deshalb mit dem Erstellungszeitraum identisch sein.

11.9 Fingerabdrücke

Auf allen Schriften können Fingerabdrücke (Kapitel 4.1.1) festgestellt werden. Vorrangig werden hierzu Reaktionsmittel (Kapitel 3.5.3) verwendet. Dabei ist zu bedenken, ob diese Sicherung in Konkurrenz zu einer anderen Spurensicherung steht (Kapitel 3.9).

Die Sicherung ist auch möglich, wenn die Fingerspuren nachträglich mit Klebefolie oder Kunststoff überzogen sind (Kapitel 1.7).

11.10 Anhaftungen

Anhaftungen an Schriftstücken lassen sich als Materialspuren (Kapitel 6) nachweisen und geben Hinweise auf den Aufbewahrungsort.

11.11 Texturheberschaft

Neben der chemischen und physikalischen Untersuchung von Schriften können der Inhalt und die verwendete Sprache untersucht werden. Dieses Phänomen ist aus der Literatur bekannt, so sind auch für Laien z.B. Texte von *Johann Wolfgang von Goethe* und von *Heinrich Böll, Elfriede Jelinek* oder *Günter Grass* leicht nach der Sprache, der Wortwahl und dem Satzbau zu unterscheiden.

Kriminalistisch ist es bedeutsam, ob verschiedene anonyme Schreiben denselben Autor haben. In einem weiteren Beweisschritt kann der Tattext mit einem Vergleichstext eines Verdächtigen untersucht werden, um eine Übereinstimmung festzustellen.

Voraussetzung ist, dass der inkriminierte Text mindestens 100 Wörter enthält. Mit zunehmender Länge wird die Identitätsaussage kräftiger. In der Untersuchung werden vier Bereiche geprüft:
- Das Ähnlichkeitsmaß anhand der Anzahl und dem Wiederholungsabstand von Funktionswörtern, wie: doch, etwa, auch.
- Die Normabweichung vom DUDEN.
- Die Satzlängenverteilung, gemessen in Wörtern.
- Die Relation zwischen der Anzahl der verwendeten Wörter und solchen Wörtern, die nur einmal vorkommen.

Ist der Täter noch unbekannt, so können die Texturheberschaft oder die Autorenerkennung mit Hilfe der Textanalyse, des Textvergleiches und mit der Sammlungsrecherche ermittelt werden.

Die **Textanalyse** erfolgt mit Schreiben unbekannter Hersteller. Dabei werden die Muttersprache, der Bildungsgrad, die Ausbildung und berufliche Tätigkeit, die Erfahrung mit der Textproduktion, die Altergruppe, die regionale Zugehörigkeit, die dialektale Prägung und die Gruppenzugehörigkeit festgestellt.

Der **Textvergleich** erfolgt mit Schreiben von bekannten Schreibern und mit anonymem Text. Hierbei soll festgestellt werden, wer der Urheber ist.

Die **Sammlungsrecherche** erfolgt mit der Datenbank **KISTE** (**K**riminalistisches **I**nformations-**S**ystem **TE**xte) des Bundeskriminalamtes. Bei einem Treffer muss das Schreiben jedoch individuell analysiert werden (Beilage zum BKBl. Nr. 186 vom 26.9.2001. *Badauf / Stein*, a.a.O. S. 666).

12 Brand

Unter Brand versteht man ein sich selbstständig ausbreitendes Feuer, das dabei Schäden an Personen oder Sachen verursacht. Voraussetzung für einen Brand sind Zündtemperatur, Luftsauerstoff und brennbares Material.

Die Form des Brandes wird vom Sauerstoffanteil bestimmt. Mit zunehmendem Anteil spricht man von **Glimmbrand, Schwelbrand** und offener **Flamme**.

Gase und Dämpfe verbrennen nur mit Flamme. Flüssige Stoffe erst nach Übergang in Dampfform und dann mit Flamme. Feste Stoffe brennen mit Glut und/oder Flamme.

Die konkreten, abstrakten oder potenziellen Gefährdungsdelikte der **Brandstiftung**, § 306 ff. StGB, stellen Verbrechenstatbestände dar. Der Anteil an der Gesamtkriminalität liegt bei 0,5 %. Eine Brandstiftung liegt jedoch erst vor, wenn die in den Strafvorschriften genannten Gegenstände (z.B. Gebäude, Kraftfahrzeuge, Schiffe, Wälder, landwirtschaftliche Fläche, pp.) in wesentlichen Teilen **selbstständig brennen**. Das heißt, auch nach Wegnahme von Zündmitteln müssen diese Teile selbstständig brennen.

Wegen der besonderen Gefährlichkeit von Branddelikten hat der Gesetzgeber die **Tätige Reue**, § 306 e StGB, eingeräumt, was den Täter straflos stellen kann.

Sowohl das Inbrandsetzen als Versuchshandlung als auch die Tätige Reue werden in der späteren Gerichtsverhandlung oft zum Mittelpunkt der Beweiserhebung, sodass auch diese Tatsachen für die Spurensuche und Spurensicherung von besonderer Bedeutung sind.

Darüber hinaus stellt die Branduntersuchung erhebliche Anforderungen an das technische und naturwissenschaftliche Wissen des Ermittlers.

Beim Verdacht der Brandstiftung ist es dringend geboten, sofort mit dem Sachverständigen Kontakt aufzunehmen und ihn zum Tatort zu bitten (Kapitel 3.10). Dies ist wegen der kriminalpolitischen Bedeutung solcher Delikte und des oft eintretenden hohen Schadens auch geboten.

Da Brandstiftung ein Kapitaldelikt darstellt, ist auch die Staatsanwaltschaft, § 160 StPO, sofort zu benachrichtigen, sodass die erforderlichen Maßnahmen abgestimmt werden können.

12.1 Feuerschaden / Löscharbeiten

Die notwendige Bekämpfung von Bränden ruft zwangsläufig weitere Schäden durch die Löschmittel hervor (*Ungerer,* a.a.O. S. 659). Dies hat auch kriminalistische Konsequenzen, da durch die Löschmittel und durch die Räumarbeiten der Feuerwehr Beweismittel beeinträchtigt und auch verloren gehen können (Kapitel 3.8).

Da die akute Brandbekämpfung Vorrang vor der Beweissicherung hat, sollten schon während der Löscharbeiten **Lichtbilder** oder **Videoaufzeichnungen** gemacht werden, um so den Brand- und Löschverlauf sowie die Rauchentwicklung und Rauchfarbe zu dokumentieren.

Darüber hinaus ist sofort mit dem Leiter des Feuerwehreinsatzes Kontakt aufzunehmen; insbesondere ist er zu bitten, die Löscharbeiten auf das Notwendige zu beschränken, um möglichst viele Spuren zu erhalten.

Darüber hinaus sind die **Feuerwehrleute** Zeugen für den Brandverlauf und für die Löschmaßnahmen.

Von den verwendeten Löschmitteln sind Proben sicherzustellen, um sie als Vergleichsmaterial (Kapitel 2.5) bei chemischen Analysen des Brandschutts vorrätig zu haben.

Durch den Brand können **giftige Gase** entstehen, die zu sichern sind. Aber sie bedeuten auch eine Gefahr für den Ermittler (Kapitel 6.8). Vor dem Betreten der Brandstelle hat sich der Ermittler vom Leiter des Feuerwehreinsatzes die Ungefährlichkeit bestätigen zu lassen.

12.2 Entstehungsort

Die Spurensuche beginnt in den Brandrückständen. Sie bestehen aus den Resten der verbrannten Gegenstände, der Asche, den Löschmitteln und eventuell aus Brandbeschleunigern (Kapitel 12.3). Hieraus kann zunächst der Entstehungsort des Brandes ermittelt werden. Das muss nicht unbedingt die Stelle mit der größten Brandzehrung sein. Ebenso kann der Brand sich zunächst als Glimm- oder Schwelbrand weiter verbreitet haben und erst an anderer Stelle in eine offene Flamme übergegangen sein.

Als mögliche Ursache kommen auch Reparaturarbeiten mit offener Flamme in Betracht, z.B. Schweißarbeiten oder der Einsatz von Trennscheiben bei Metall. Das gilt auch, wenn solche Arbeiten nicht unmittelbar am Brandort, sondern in relativer Entfernung durchgeführt wurden.

12.3 Zündmittel

Das Zündmittel muss die brennbare Materie auf die Zündtemperatur bringen, damit sie selbstständig weiter brennt. Es können defekte elektrische Einrichtungen oder Geräte, heißlaufende Motoren oder unbeaufsichtigte offene Flammen sein.

Bei Verdacht der **Brandstiftung** ist das Zündmittel der entscheidende Ansatzpunkt. Selbstkonstruierte oder industriell gefertigte Zünder können benutzt worden sein. Will der Täter zwischen dem Brandzeitpunkt und seiner Anwesenheit am Tatort einen größeren Zeitabstand legen, so verwendet er Zeitzünder. Diese funktionieren elektrisch, chemisch oder mechanisch und lassen sich im Brandschutt nachweisen. Die Zeitverzögerung kann auch durch das Aufstellen einer Kerze erreicht werden. (Näheres siehe BKA-Tatmittelmeldedienst für Spreng- und Brandvorrichtungen / USBV-Report).

Darüber hinaus werden **Brandbeschleuniger** (z.B. Benzin, Spiritus, Holzwolle, Papier, Stroh, pp.) eingesetzt, um möglichst schnell eine offene Flamme und eine große Ausbreitung des Feuers zu erreichen. Das Benutzen von Brandbeschleunigern kann auch aus der Zündtemperatur der verbrannten Gegenstände geschlossen werden. Zu fragen ist, ob mit dem vermuteten Zündmittel überhaupt eine Entzündung möglich ist. Chemische Brandbeschleuniger lassen sich im Brandschutt nachweisen.

Bei der Spurensuche ist am Brandentstehungsort nach Teilen zu suchen, die als Zündmittel in Frage kommen. Darüber hinaus ist der Brandschutt an dieser Stelle in größerer Menge zu sichern, um in einer Analyse den Verdacht von chemischen Zündern und/oder Brandbeschleunigern zu erhärten oder zu entkräften. Zum Nachweis von Brandbeschleunigern sollten zuerst Suchhunde (Kapitel 3.5.8) eingesetzt werden.

Ist ein **Tatverdächtiger** vorhanden, so ist seine **Kleidung** sofort zu sichern, damit daran nach Zündmitteln und/oder Brandbeschleunigern gesucht werden kann. Darüber hinaus ist an seinem Körper, insbesondere an seinen Händen, nach solchen Spuren zu suchen.

Die Spurensicherung erfolgt im Original. Der Brandschutt ist in Kunststoffbehältern zu sichern. Gefährliche Stoffe sind durch die Feuerwehr in Verwahrung zu nehmen.

Für offene Flammen und eine schnelle Ausbreitung des Feuers sind große Mengen von Luftsauerstoff erforderlich. Zeugen sind deshalb über den Zustand von Türen und Fenstern sehr eingehend zu befragen.

12.3.1 Selbstentzündung

Darunter versteht man die Entzündung eines brennbaren Stoffes ohne Wärmezufuhr von außen. Durch spontane chemische Reaktion oder durch physikalische Vorgänge, wie z.B. Reibung, oder elektrostatische Aufladung, wird die erforderliche Wärmeenergie zur Zündtemperatur erzeugt.

Selbstentzündliche Stoffe sind feuchtes Heu, weißer Phosphor, Gemische aus brennbaren Stoffen, Kunststofffolien und starke Oxydationsmittel wie Perchlorat. Aber auch so genannte „Naturfarben" zählen dazu, wenn sie z.B. mit Naturharzöl versetzt sind (*Budjarek,* a.a.O. S. 679).

12.3.2 Elektrizität / Strom

Strom ist die gerichtete Bewegung elektrischer Ladungsträger. Die Stromrichtung verläuft (willkürlich) vom Pluspol zum Minuspol und somit entgegengesetzt zum Elektronenstrom. Die Ladungsbewegung wird durch elektrische Felder verursacht, sodass man von Leitungsstrom spricht.

Der Umgang mit elektrischem Strom ist durch den **VDE** (Verband Deutscher Elektrotechniker e.V.), festgelegt und gilt rechtsverbindlich als **DIN** (Deutsches Institut für Normierung e.V.). Danach ist für Unfälle mit elektrischen Anlagen stets der verantwortlich, der zuletzt an einer solchen Anlage gearbeitet oder sie repariert hat. Für den Kriminalisten ist die VDE 0100 bedeutsam. Sie ist die Vorschrift für Starkstromanlagen bis 1 000 Volt, somit für alle Haushalte und landwirtschaftliche Betriebe.

Im Strombereich gibt es genormte Begriffe und Bezeichnungen, die unbedingt im Tatortbefundbericht (Kapitel 20.1) verwendet werden sollten:
– Strom**stärke** = Ampere (Formelzeichen I = Isospin).
– Strom**spannung** = Volt (Formelzeichen U).
– Strom**leistung** = Watt (Formelzeichen P = Parität).
– Widerstand = Ohm (Formelzeichen W).
– Isolationsfehler = Fehlerhafter Zustand der Isolierung.
– Körperschluss = Fehlerhafte Verbindung zwischen dem elektrischen Betriebsmittel und dem Gehäuse.
– Kurzschluss = Fehlerhafte Verbindung zwischen unter Spannung stehenden Betriebsmitteln. An den Berührungspunkten bilden sich charakteristische Schmelzpunkte.
– Leiterschluss = Fehlerhafte Verbindung von unter Spannung stehenden Leitungen. An den Berührungspunkten bilden sich charakteristische Schmelzpunkte.
– Erdschluss = Fehlerhafte Verbindung zwischen Spannung führenden Teilen oder Leitern mit der Erde. An den Berührungspunkten bilden sich charakteristische Schmelzpunkte.

- Fehlerspannung = Fehlerhafte Spannung zwischen dem elektrischen Betriebsmittel und der Bezugserde.
- Berührungsspannung = Ist der Teil der Fehlerspannung, der vom Menschen überbrückt werden kann, ohne Schaden zu nehmen.
- Fehlerstrom = Ist der Strom, der durch einen Isolationsfehler zustande kommt.
- Ableitstrom = Ist der Strom, der betriebsmäßig von aktiven Teilen der Betriebsmittel über die Isolierung zu Körpern und fremden leitfähigen Teilen fließt.

Elektrische Betriebsmittel sind alle Gegenstände, die als Ganzes oder in einzelnen Teilen dem Anwenden elektrischer Energie dienen (VDE 0100, Teil 200). Sie werden in drei Schutzklassen eingeteilt:

Schutzklasse I Das Gerätegehäuse ist mit einem Schutzleiter (Erde) ausgestattet.

Schutzklasse II Das Gerätegehäuse ist aus isolierendem Material, z.B. Haushaltsgeräte. Die Geräte sind mit zwei ineinander liegenden Quadraten gekennzeichnet.

Schutzklasse III Die Stromspannung ist so gering, dass kein Schaden auftreten kann, z.B. Handleuchten.

Schutzmaßnahmen:
Sicherungen sollen die elektrischen Geräte und die Leitungen vor Beschädigung schützen. Tritt eine Differenz zwischen der Arbeitsleistung des Gerätes und der erforderlichen Stromabnahme auf, so wird die elektrische Leitung abgeschaltet. Damit werden die Leitungen und die Geräte vor Überhitzung geschützt.

Erst **Manipulationen** an den Sicherungen, Leitungen und Geräten sind die Ursache von solcher Wärmeentwicklung, die die Zündtemperatur der Umgebungsstoffe erreicht und zum Brand führt. Solche Brandursachen entstehen auch bei nachträglich verlegten Leitungen, die nicht den erforderlichen Querschnitt haben.

Im Rahmen der Spurensuche sind sofort der Sicherungskasten und die entsprechenden Leitungen zu prüfen.

Zur Spurensicherung sind Lichtbilder zu fertigen sowie die Sicherungen und Leitungen genau zu beschreiben. Sind Leitungen verschmort, sind diese Teile im Original zu sichern.

Kommen elektrische Geräte als Brandursache in Betracht, sind sie im Original zu sichern.

12.3.3 Blitzschlag

Der Blitz ist die natürliche Funkenentladung zwischen verschieden geladenen Wolken oder zwischen einer Wolke und der Erde. Die Wissenschaft unterscheidet Linienblitz, Flächenblitz, Perlschnurblitz und Kugelblitz. Die Stromstärke wird auf 100 000 Ampere und die Spannung auf viele Millionen Volt geschätzt.

Blitzschläge können Menschen und Tiere betäuben und töten, brennbare Gegenstände entzünden, Metalle schmelzen sowie Gebäude und Bäume beschädigen. Der Umfang der Folgen und des Schadens hängt im Wesentlichen von der Nähe zum Einschlagsort ab.

Die enorme Energie des direkten Blitzschlages lässt sich sofort an der Zerstörung von Umwelt und Gebäuden erkennen, sodass dessen Ursache für einen Brand zweifelsfrei erkannt wird.

Der Blitzschlag kann auch über die elektrischen Zuleitungen, Strom oder Telefon, in Gebäude übertragen werden und dort Geräte zerstören, die wiederum den Brand auslösen.

Die **Spurensicherung** erfolgt mittels Fotografie. Darüber hinaus lässt sich der Zeitpunkt des Blitzschlages beim Wetteramt nachfragen.

12.3.4 Heizungs- und Feuerungsanlagen

Heizungs- und Feuerungsanlagen ist der Sammelbegriff für Öfen, Kamine, Etagenheizungen und Zentralheizungen. Sie werden mit festen, flüssigen oder gasförmigen Brennstoffen betrieben und unterliegen der Abnahme und ständigen Überwachung durch den **Schornsteinfeger**.

Elektrische Heizöfen und Nachtspeichergeräte zählen zu den Elektrogeräten.

Manipulationen an der Energie- und/oder Sauerstoffzufuhr sowie am Rauchabzug führen zu Schäden und sind die Ursache für Brände.

Darüber hinaus sind leicht brennbare Gegenstände, die unbeaufsichtigt zu nahe an die Brennstelle gebracht werden, die Brandursache, z.B. Kleidung, Tischdecken, Babywäsche, Servietten, u.a.m.

Bei Kaminen kann es durch nicht geeignetes Holz, z.B. harzreiches Nadelholz, zu Funkenflug kommen, der u.a. Teppiche entzünden.

Bei der Spurensuche und -sicherung ist unbedingt der zuständige **Schornsteinfeger** hinzuzuziehen (Kapitel 3.10). Darüber hinaus ist der Gesamtzustand sofort zu fotografieren.

12.4 Kraftfahrzeuge

Bei ausgebrannten Kraftfahrzeugen ist der Nachweis der Brandstiftung über Zündmittel und Brandbeschleuniger sehr schwierig, da beides fahrzeugtypisch vorhanden ist und den Brand auch unbeabsichtigt auslösen kann.

Insofern sind hierüber Verdachtsstrategien nur möglich, wenn artfremde Zündmittel und Brandbeschleuniger verwendet wurden oder wenn sich solche z.B. an den Sitzen befinden. (Näheres siehe BKA-Tatmittelmeldedienst für Spreng- und Brandvorrichtungen / USBV-Report).

Darüber hinaus ist der Schließmechanismus von Tür, Kofferraum und Zündung auf unbefugte Überwindung zu untersuchen, ob z.B. der Brand nach einem Diebstahl gelegt wurde.

13 Explosion

Explosion ist der Sammelbegriff für sehr schnelles Abbrennen von Gemischen aus brennbaren Gasen, Dämpfen, Stoffen oder Stäuben mit Luft oder Sauerstoff. Je nach **Ausbreitungsgeschwindigkeit** unterscheidet man Deflagration, Explosion und Detonation.

Die Ausbreitungsgeschwindigkeit richtet sich nicht nur nach dem Energiegehalt des Stoffes, sondern auch nach der zur Verfügung stehenden Sauerstoffmenge. Deshalb wird Sauerstoff in gebundener Form als Oxydator Sprengstoffen und Raketenmotoren beigefügt. Dies macht den Verbrennungsvorgang vom Luftsauerstoff unabhängig.

Die **Deflagration**, auch **Verpuffung** genannt, ist die erste Geschwindigkeitsstufe. Der Brennvorgang ist sehr rasch, erfolgt aber ohne Druck- oder Stoßwelle und somit auch ohne Knall.

Explosion ist das schlagartige Verbrennen der Stoffe. Die dabei entstehenden Verbrennungsgase und die Temperatursteigerung führen zu einer erheblichen Volumenvergrößerung, die sich als Druck- oder Stoßwelle ausbreitet, was mit einem lauten Knall verbunden ist.

Bei der **Detonation** pflanzt sich die Volumenvergrößerung unter lautem Knall mit Überschallgeschwindigkeit fort. Das gilt nicht nur für brennbare Stoffe, sondern auch für nukleare Reaktionen mit Kernspaltstoffen. Die dabei erzeugte Druck- oder Stoßwelle hat erhebliche zerstörerische Wirkung.

Das Herbeiführen von Explosionen gilt als besonders gefährlich und wird strafrechtlich als Verbrechen geahndet, § 307 ff. StGB. Das gilt bereits für Vorbereitungshandlungen, § 310 StGB. Um die schweren Folgen zu mindern, hat der Gesetzgeber die **Tätige Reue**, § 314 a StGB, eingeräumt, sodass der Täter milder bestraft oder straffrei werden kann.

Das Explosionsdelikt als Versuchshandlung und die Tätige Reue werden in der späteren Gerichtsverhandlung oft zum Mittelpunkt der Beweiserhebung, sodass auch diese Tatsachen für die Spurensuche und Spurensicherung (Kapitel 3.2.2) von besonderer Bedeutung sind.

Darüber hinaus stellt die Explosionsuntersuchung erhebliche Anforderungen an das technische und naturwissenschaftliche Wissen des Ermittlers (Kapitel 3.4).

Beim Verdacht der strafbaren Explosion ist es dringend geboten, sofort mit dem Sachverständigen Kontakt aufzunehmen und ihn zum Tatort zu bitten (Kapitel 3.10). Dies ist wegen der kriminalpolitischen Bedeutung solcher Delikte und wegen des regelmäßig eintretenden hohen Schadens auch geboten.

Da die Explosion ein Kapitaldelikt darstellt, ist die Staatsanwaltschaft, § 160 StPO, sofort zu benachrichtigen, damit die erforderlichen Maßnahmen abgestimmt werden können.

13.1 Explosivstoffe

Diese werden zu **gewerblichen,** z.B. Bergbau, Straßenbau und Steinbruch, oder **militärischen** Zwecken hergestellt. Sie können fest, flüssig oder gelatinös (plastisch) sein und sind zum Sprengen, Treiben (Munition), Zünden oder für pyrotechnische Zwecke (Feuerwerk) bestimmt. Die geläufigsten Sprengstoffe sind Nitroglyzerin, Ammon-Gelite, Hexogen, Nitropenta und Trinitrotuluol (TNT).

Auch **selbst gefertigte** Stoffe fallen darunter und werden „Unkonventionelle Spreng- und Brandvorrichtungen" (**USBV**) genannt. (Näheres siehe BKA-Tatmittelmeldedienst für Spreng- und Brandvorrichtungen / USBV-Report).

13.2 Explosionsfähige Stoffe

Diese entstehen, wenn sich brennbare Stoffe als Gas oder staubförmig mit Luftsauerstoff verbinden. Dabei ist das Mischungsverhältnis von besonderer Bedeutung. Besonders gefährlich sind Mischungen mit Gas, Benzin, Spiritus, Kohlenstaub und Getreidestaub, z.B. Mehl. Aber auch freikäufliche Düngemittel haben in einem bestimmten Mischungsverhältnis sprengende Wirkung (Kapitel 1.7).

Die Zündung von Sprengstoffen kann ungewollt durch heiß laufende Maschinenteile, durch Funkenflug, offene Flamme sowie durch elektrische oder elektrostatische Funken erfolgen.

Solche Explosionen sind in der Regel auf einen Fehler im Produktionsablauf zurückzuführen. Insofern ist sofort das Gewerbeaufsichtsamt oder das Bergamt zu benachrichtigen.

Explosive Gemische können aber auch bei unsachgemäßer Handhabung im so genannten **Heimwerkerbereich** entstehen, z.B. Reinigung von Motorteilen mit Waschbenzin in einer geschlossenen Garage oder im Keller, pp.

Besonders gefährlich ist die Lagerung von **Butan-Gas** im Keller. Das allgemein als Campinggas bezeichnete Kohlenwasserstoffgas ist schwerer als Luft. Aus undichten Ventilen kann das Gas entweichen und sich mit dem Luftsauerstoff am Kellerboden ansammeln. Als Zündmittel reicht der Intervallschalter einer Gefriertruhe.

13.3 Geräteexplosionen

Sie ereignen sich durch Überdruck in Behältern oder Rohren bis der **Berstdruck** erreicht ist. Die Ursache liegt meist in fehlerhaften oder manipulierten Überdruckventilen. Auch hier ist sofort die Gewerbeaufsicht zu verständigen.

Besonders brisant sind Explosionen von **Wasserdampfkesseln**. Durch hohen Druck wird der Siedepunkt von Wasser auf über 100 ° C heraufgesetzt. Da beim Bersten eines Kessels der Druck schlagartig auf Normal absinkt, verwandelt sich das Wasser ebenso schlagartig in Wasserdampf und vergrößert somit sein Volumen um das 1 200–fache. Die Wirkung ist mit gewerblichen Sprengmitteln zu vergleichen und führt zu großen Schäden.

13.4 Explosionsschaden / Löscharbeiten

Explosionen haben in der Regel erhebliche Brände zur Folge. Die notwendige Bekämpfung von solchen Bränden ruft zwangsläufig weitere Schäden durch Löschmittel hervor. Dies hat auch kriminalistische Konsequenzen, da durch die Löschmittel und durch die Räumarbeiten der **Feuerwehr** Beweismittel beeinträchtigt und auch verloren gehen können.

Da die akute Brandbekämpfung Vorrang hat, sollten schon während der Löscharbeiten **Lichtbilder** oder **Videoaufzeichnungen** gemacht werden, um so den Brand- und Löschverlauf sowie die Rauchentwicklung und Rauchfarbe zu dokumentieren (*Ungerer, a.a.O. S. 659*).

Darüber hinaus ist sofort mit dem Leiter des Feuerwehreinsatzes Kontakt aufzunehmen; ferner ist er zu bitten, die Löscharbeiten auf das Notwendige zu beschränken, um möglichst viele Spuren zu erhalten.

Darüber hinaus sind die **Feuerwehrleute Zeugen** für den Brandverlauf und für die Löschmaßnahmen. Sie sind anschließend zu vernehmen.

Von den verwendeten Löschmitteln sind Proben sicherzustellen, um sie als Vergleichsmaterial (Kapitel 2.5) bei chemischen Analysen des Brandschutts vorrätig zu haben.

Durch den Brand können giftige Gase entstehen, die zu sichern sind. Hier sollte die Feuerwehr gebeten werden, dies zu tun (Kapitel 3.5 / Umweltkoffer). Die Gase bedeuten zugleich eine Gefahr für den Ermittler. Deshalb muss er sich vor dem Betreten der Brandstelle vom Leiter des Feuerwehreinsatzes die Ungefährlichkeit bestätigen zu lassen.

13.5 Explosionszentrum

Das Explosionszentrum ist anhand des Explosionskraters oder aufgrund der Druck-, Hitze- und/oder Splitterwirkung zu ermitteln. Hier ist auch nach Resten der Explosionsstoffe und des Zündmittels zu suchen.

13.6 Zündmittel

Explosivstoffe können durch Wärme, elektrische / elektrostatische Funken, Druck / Schlag oder chemische Reaktion gezündet werden.

Ist die Explosion absichtlich herbeigeführt worden, so werden elektrische / elektronische Zünder und / oder Uhrwerke eingesetzt. (Näheres siehe BKA-Tatmittelmeldedienst für Spreng- und Brandvorrichtungen / USBV-Report).

13.7 Spurensuche und Sicherung

Hierzu sind Sachverständige, eventuell auch die Gewerbeaufsicht, hinzuzuziehen. Besonders hilfreich sind Suchhunde für Sprengstoffe (Kapitel 3.5.8).

Sichergestellte Sprengstoffe werden beim Kampfmitteläumdienst, bei der Feuerwehr oder beim Gewerbeaufsichtsamt gelagert.

Werden „Unkonventionelle Spreng- und Brandvorrichtungen" (**USBV**) gefunden, so ist sofort über das Landeskriminalamt ein Entschärfer hinzuzuziehen (Kapitel 3.10). Dieser entscheidet eigenverantwortlich über die Entschärfung und Beseitigung des Gegenstandes.

Sprengstoff-Funde unterliegen dem Tatmittelmeldedienst.

14 Kfz-Identifizierung

Unter Kraftfahrzeug sind hier Kraftwagen und Kraftzweiräder (Motorräder und Mopeds) zusammengefasst.

In Deutschland werden jährlich rund 50 000 Kraftwagen und rund 39 000 Kraftzweiräder gestohlen. Davon bleibt durchschnittlich die Hälfte auf Dauer abhanden, wobei der Anteil mit zunehmendem Wert des Kraftfahrzeugs höher wird. Kriminalpolitisch handelt es sich um ein schwer wiegendes Vergehen, § 243 StGB, das mit Freiheitsstrafe bis zehn Jahre bedroht ist.

Über die Methoden, die **Schließsysteme** zu überwinden, siehe Kapitel 5.5.3.

Die Kfz-Identifizierung setzt einen entsprechend großen **Untersuchungsraum** (mindestens Doppelgarage) mit Graben oder Hebebühne, ausreichender Beleuchtung, Belüftung und Heizung voraus.

Werden Fahrzeuge beschlagnahmt, § 94 StPO, und bei **Fremdfirmen** untergestellt, so ist sicherzustellen, dass keine Veränderungen durch Witterung, Tiere oder Personen vorgenommen werden. Es muss auch sofort festgestellt werden, wie das Verhältnis zwischen dem Wert des Fahrzeuges und den Unterstellkosten ist.

Darüber hinaus muss sich der Ermittler im Klaren sein, dass nur die Teile, die einwandfrei einem anderen Geschädigten zugeordnet werden können, den Diebstahl beweisen und beschlagnahmt bleiben. Alle übrigen Teile müssen dem letzten Besitzer wieder ausgehändigt werden, soweit sie nicht dem Verfall, der Einziehung § 111 b StPO oder der Gewinnabschöpfung unterliegen, Nr. 93 a RiStBV.

Darüber hinaus stellt die Kfz-Untersuchung erhebliche Anforderungen an das technische und naturwissenschaftliche Wissen des Ermittlers.

Soll ein Kraftfahrzeug identifiziert werden, so ist sofort die **Staatsanwaltschaft** zu informieren, § 160 StPO, damit sie entscheiden kann, ob ein **Sachverständiger** hinzugezogen wird.

14.1 Fahrzeugidentifizierungsnummer / Technische Prüfnummer

Jedes Kraftfahrzeug muss im Rahmen oder in einem ihn ersetzenden Teil eine individuelle Nummer aufweisen, die 17 Stellen hat, § 59 II StVZO. Diese Nummer heißt seit 1980 „Fahrzeugidentifizierungsnummer" (**FIN**) oder „Vihicle Indentifications Number" (**VIN**), vormals „Fahrgestellnummer". Sie ist von links nach rechts folgendermaßen aufgebaut:

– Begrenzungszeichen.
– 1.– 3. Stelle: Buchstaben zur Weltherstellungskennung.
– 4.– 9. Stelle: Fahrzeugbeschreibende Kennung.
– 10.– 17. Stelle: Individualnummer.
– Begrenzungszeichen.

Wird ein Serienfahrzeug umgebaut oder ein Fahrzeug in Eigenbau erstellt, so erhält es keine FIN, sondern eine „Technische Prüfnummer" (**TP**). Sie wird von den Prüfstellen des Technischen Überwachungsvereins (**TÜV**) oder vergleichbaren Einrichtungen vergeben und hat von links nach rechts folgenden Aufbau:

– 1.+ 2. Stelle: Buchstaben „TP".
– 3.+ 4. Stelle: Buchstaben für ein Bundesland.
– 5. Stelle: Kennzahl für eine Stadt.
– 6.+ 7. Stelle: Jahreszahl der Ausgabe.
– ab 8. Stelle: Individualnummer.

14.2 Fabrikschild

Am vorderen rechten Teil jedes Kraftfahrzeuges muss ein Fabrikschild, vormals „Typenschild", fest angebracht sein, das Angaben über

- Hersteller,
- Fahrzeugtyp,
- Baujahr (nicht bei zulassungspflichtigen Fahrzeugen),
- Fahrzeugidentifizierungsnummer,
- Zulässiges Gesamtgewicht und
- Zulässige Achsenlast (nicht bei Zweirädern)

enthält, § 59 I StVZO.

14.3 Rohbaunummern

Auf freiwilliger Basis haben die meisten Hersteller zur weiteren Identifizierung verschiedene Fahrzeugteile nummeriert, die nicht ohne weiteres erkennbar sind (Kapitel 1.7).

14.4 Codeschild

An verschiedenen Stellen angebrachte Codeschilder enthalten über einen verschlüsselten Zeichenvorrat die komplette Fahrzeugausstattung und Lackierung. Insofern kann festgestellt werden, wie das Fahrzeug im Neuzustand ausgesehen hat.

14.5 Weitere Nummerierung

Um keine ungerechtfertigten Gewährleistungsansprüche erfüllen zu müssen, nummerieren die Hersteller an sichtbaren Stellen wichtige Teile, z.B. Motoren, Getriebe, Differentiale, Felgen, Klimaanlagen, Airbag, Rückhaltegurte, Antiblockiersystem (ABS), Schiebedach, u.v.a.m. Auch über diese Nummern ist eine Identifizierung des gesamten Kfz möglich.

14.6 Spurensuche und Spurensicherung

Die Herstellung von Kraftfahrzeugen erfolgt mit großem technischem Aufwand und in weiten Bereichen unter Einsatz von Robotern. Das gilt auch für die Individualnummern, die mit großem Druck gestanzt werden (Kapitel 5.6). Insofern kann man grundsätzlich davon ausgehen, dass diese Nummern in gleichmäßiger Form und Tiefe und in gleichmäßigem Abstand erstellt werden. Jede Abweichung davon begründet einen Tatverdacht.
Darüber hinaus ist festzustellen, ob der nummerntragende Teil komplett ausgewechselt sein könnte. Hier ist auf Schweißnähte und Schleifflächen zu achten.
Verdächtig ist es auch, wenn der Nummernteil in der Sauberkeit und Lesbarkeit auffällig von den übrigen Teilen abweicht. Rechtfertigungen, die mit einer Unfallreparatur gemacht werden, sind in den polizeilichen Unfallprotokollen zu überprüfen. Wird hier behauptet, eine polizeiliche Unfallaufnahme sei nicht erfolgt, so begründet dies auch einen Anfangsverdacht.
Die Sichtbarmachung der entfernten Prägezeichen erfolgt mit der Methode nach Kapitel 5.6.

15 Verkehrsunfall

15.1 Kriminalpolitische Bedeutung

„Verkehrsunfälle sind Unfälle, bei denen infolge des Fahrverkehrs auf öffentlichen Wegen und Plätzen Personen getötet oder verletzt oder Sachschäden verursacht worden sind", Definition in § 1 Straßenverkehrsunfallstatistikgesetz.

Danach werden Verkehrsunfälle in zwei Gruppen eingeteilt:
– P = Personenschaden und
– S = Sachschaden.

Von der Polizei werden im Jahresdurchschnitt rund **2,5 Millionen** Verkehrsunfälle erfasst. Davon sind 0,4 % mit Toten (jedoch 20 % der Toten sind durch Alkoholeinfluss bedingt), 17 % mit Verletzten, 1,5 % haben Alkoholgenuss als Ursache (jedoch werden hierbei 20 % des Gesamtschadens verursacht), bei 6 % entstehen schwere Sachschäden (mindestens ein beteiligtes Fahrzeug ist nicht mehr fahrbereit). **Bei drei Viertel aller Verkehrsunfälle entsteht nur leichter Sachschaden.**

Von allen Verkehrsunfällen werden der Polizei höchstens die Hälfte bekannt (Drucksache 12/3650, Landtag NRW, S. 7). Bei den übrigen werden die Beweissicherung und die Schadenregulierung von den Beteiligten selbst vorgenommen.

Die **kriminalpolitische Bedeutung** von Verkehrsunfällen ist sehr unterschiedlich. Im schwersten Fall ist die Strafandrohung ein Vergehen. Die Höhe der angedrohten Freiheitsstrafe liegt im **unteren Drittel** des gesetzlichen Strafrahmens. Die tatsächlich verhängten Freiheitsstrafen werden fast ausschließlich zur Bewährung verhängt. Im leichtesten Fall ist der Verstoß eine Ordnungswidrigkeit. Diese Bewertung entspricht auch der Beurteilung durch die Mehrheit der Bevölkerung.

Die strafrechtliche Qualität des Fehlverhaltens von Menschen im Zusammenhang mit Verkehrsunfällen kann in acht Gruppen eingeteilt werden:

1. **Verkehrsverstöße**
   – § 49 StVO i.V.m. § 24 StVG, Ordnungswidrigkeiten.
2. **Fahrlässigkeitstaten**
   – § 222 StGB, Fahrlässige Tötung, Freiheitsstrafe bis fünf Jahre oder Geldstrafe.
   – § 229 StGB, Fahrlässige Körperverletzung, Freiheitsstrafe bis drei Jahre oder Geldstrafe.
3. **Vorsatztaten**
   – § 21 StVG, Fahren ohne Fahrerlaubnis, Freiheitsstrafe bis zu einem Jahr oder Geldstrafe.
   – § 303 StGB, Sachbeschädigung, Freiheitsstrafe bis zwei Jahre oder Geldstrafe.
   – § 263 StGB, Betrug zum Nachteil von Versicherungen, Freiheitsstrafe bis fünf Jahre oder Geldstrafe.
   Der provozierte Verkehrsunfall soll durch eine überhöhte Rechnung bei der Versicherung geltend gemacht werden. Dabei kann der „Unfallverursacher" Mittäter oder ahnungslos sein. Ferner kommen hier verbotswidrige Absprachen über die Höhe der Rechnung zwischen dem Geschädigten und der Reparaturwerkstatt in Betracht (*König*, a.a.O. und *Bachartz, König*, a.a.O.).
   Vorsätzliche Körperverletzung oder Tötung unter Verwendung eines Kraftfahrzeuges, z.B. Beibringen von Abgasen als Gift oder Manipulation an den Sicherheitssystemen, sind nicht ausgeschlossen aber sehr selten. Die Technik in Kraftfahrzeugen ist heute derart komplex, dass ein gefährlicher Eingriff durch den Täter Ingenieur-

wissen voraussetzt. Deshalb werden solche Fälle nachfolgend nicht besonders behandelt. Im Übrigen werden Verkehrsunfälle mit derart schwer wiegenden Folgen im Rahmen der Ursachenfeststellung gründlich untersucht.

4. **Folgetaten**
   - § 315 c StGB, Gefährdung des Straßenverkehrs, durch Trunkenheit oder Drogeneinfluss, Freiheitsstrafe bis fünf Jahre oder Geldstrafe.
   - § 323 a StGB, Vollrausch, Freiheitsstrafe bis fünf Jahre oder Geldstrafe.
5. **Verkehrsunfallflucht**
   - § 142 StGB, Freiheitsstrafe bis drei Jahre oder Geldstrafe.
6. **Vortäuschung einer Straftat**
   § 145 d StGB, Freiheitsstrafe bis drei Jahre oder Geldstrafe.
   Nach einem selbst verschuldete Verkehrsunfall wird der Diebstahl des eigenen Fahrzeugs angezeigt und dabei dem angeblichen Dieb die Tat zugeschrieben.
7. **Selbsttötung**
   Pro Jahr werden in Deutschland ca. 1 000 Verkehrsunfälle mit Selbsttötungsabsicht vermutet (*Bronisch*, a.a.O. S. 26).
   Bei dieser Verkehrsunfallaufnahme ist besonders darauf zu achten, ob die typischen Merkmale eines solchen Unfalls vorliegen, der nicht beabsichtigt war. Insbesondere, ob der Unfall die Folge eines allgemeinen Fehlverhaltens ist, z.B.: Musste die Geschwindigkeit bei dem Straßenverlauf und der Fahrbahndecke zu dem Unfall führen? Wurde die Kontrolle über das Fahrzeug verloren? Sind Ausweichmanöver und den physikalischen Gesetzen entsprechende Bremsspuren, Driftspuren oder Schleuderspuren zu erkennen? Haben sich an dieser Stelle schon ähnliche Verkehrsunfälle ereignet? Oder gibt es zunächst keine plausible Erklärung für einen nicht beabsichtigten Unfall, z.B.: Liegt ein Frontalunfall gegen einen Baum, einen Brückenpfeiler oder eine Mauer vor, wobei Straßenverlauf und Anstoßstelle eine gerade Linie bilden? Dabei ist zu bedenken, dass die Ursache auch der so genannte „Sekundenschlaf" sein kann, da der Unfallverlauf sehr ähnlich ist.
   Auch kann unmittelbar vor dem Unfall ein plötzlicher Tod durch Schlaganfall oder Herzinfarkt erfolgt sein. Das ist nur durch eine Obduktion (§ 87 StPO) feststellbar.
   Bei Selbsttötungsverdacht ist immer ein Ingenieur (Kapitel 3.10) beizuziehen, der den physikalischen Verlauf des Unfalls nachrechnet.
8. **Straflosigkeit**
   Ein Verkehrsunfall ist dann ein strafloser Unglücksfall, wenn nicht erkennbare Defekte an der Fahrbahn, an Verkehrseinrichtungen, an Bäumen/Vegetation oder am Fahrzeug vorliegen und diese unvermeidbar die Ursache begründeten.

15.2 Verkehrsunfallaufnahme

Die Polizei verfolgt mit der Verkehrsunfallaufnahme verschiedene Ziele. Zunächst geht es um **Strafverfolgung**. Doch bei der Tatortbefundaufnahme von Verkehrsunfällen ist wegen der sehr unterschiedlichen kriminalpolitischen Bedeutung (siehe Kapitel 15.1) im Rahmen der Verhältnismäßigkeit (BGHSt 17, 117) zu prüfen, welcher Aufwand (Kapitel 1.6) an Personal und Ressourcen erfolgen soll. Das gilt insbesondere vor dem Hintergrund, dass die Spurensicherung überwiegend zur Durchsetzung zivilrechtlicher Forderungen erfolgt. Dies ist auch die Begründung für den Straftatbestand „Verkehrsunfallflucht" nach § 142 StGB. Hier heißt es: diese Vorschrift hat den alleinigen Zweck, zivilrechtliche Ansprüchen durchzusetzen, (BGHSt 8, 263; 12, 254 und 24, 382). Dies erfolgt, wie oben beschrieben, in der Hälfte der Verkehrsunfälle sehr erfolgreich auch ohne Polizei.

Ein zweiter Grund für die Verkehrsunfallaufnahme ist die **Feststellung von Gefahrenzuständen**, die nicht sofort von der Polizei behoben werden können, sondern durch Baumaßnahmen, Beschilderung, Verkehrsführung, Sicherheitssysteme in den Kraftfahrzeugen, Gesetzesänderungen, u.a.m. Diese Aufgabe wird mit Hilfe des verwendeten Formularsatzes erreicht, der drei Schwerpunkte hat:

— Verfolgung von Straftaten oder Ordnungswidrigkeiten.
— Benachrichtigung der Straßenbauverwaltung zur Beseitigung von akuten oder latenten Gefahrenquellen.
— Bundesweite statistische Erfassung und Auswertung. Zur vereinfachten Erfassung und Auswertung wird die Verkehrsunfallaufnahme im Multiple-Choice-Verfahren (auf Formblättern mit Ankreuztechnik) vorgenommen, die maschinell gelesen werden können.

Wird ein Verkehrsunfall nicht von der Polizei aufgenommen, so können diese Informationen auch von den Kfz-Versicherern erlangt werden.

Erfährt die Polizei von einem Verkehrsunfall, so hat sie im Rahmen der **Strafverfolgungspflicht**, § 163 StPO, den Sachverhalt dahingehend zu erforschen, ob eine und gegebenenfalls welche Straftat vorliegt und alle Beweise zu sichern. Hier ist besonders darauf zu achten, dass die Regeln der Strafprozessordnung und die durch Rechtsprechung begründeten **Beweisverbote** beachtet werden. Bei einem Verkehrsunfall ist oft nicht erkennbar, wer diesen verursacht hat und somit Beschuldigter ist. Das gilt auch, wenn der äußere Anschein und die polizeiliche Erfahrung den Fall ganz klar erscheinen lassen, so z.B. bei einem Auffahrunfall. Die hierbei häufige Unfallursache (der zweite Beteiligte ist aufgefahren), muss aber nicht in jedem Fall vorliegen, so dass über den strafprozessrechtlichen Status der Unfallbeteiligten Zweifel bestehen.

Da jede Befragung zum Sachverhalt bereits „**Vernehmung**" ist (BGHSt 29, 230), muss vorher die Belehrung als Zeuge oder als Beschuldigter im Sinne von § 163 a IV und V StPO erfolgen. Dabei ist zu bedenken, dass diese Vorschrift keine Regelung für den „Verdächtigen" enthält. Deshalb hat der BGH entschieden, dass dieser im Sinne der Vernehmung wie ein Zeuge zu behandeln und zu belehren ist (BGHSt 34, 140, und 37, 48). Hierbei ist besonders das **Auskunftsverweigerungsrecht** nach § 55 StPO zu beachten. Eine solche Belehrung kommt bei dem oben genannten Beispiel des Auffahrunfalls für beide Fahrer in Betracht, wenn nicht sofort klar ist, wer den Unfall verursacht hat. Eine fehlende oder unverständliche Belehrung führt zum absoluten Beweisverwertungsverbot, (BGHSt 38, 214; 39, 349; NJW 1992, 1463, und NStZ 1994, 95). (Ausführlich dazu: *Weihmann*, a.a.O. 2004, Kapitel 3).

Keine Vernehmung im Sinne von § 163 a StPO sind nur solche Fragen, die der Betroffene aufgrund anderer Vorschriften beantworten muss:
— Fragen, **ob** er an dem Verkehrsunfall beteiligt ist, aus § 142 StGB,
— Fragen, **ob** jemand Zeuge des Unfalls ist, BVerfGE 49, 280 (284), und
— Fragen nach Personalien, Führerschein und Fahrzeugschein, § 111 OWiG, § 4 II FeV, § 24 StVZO.

Wollen Unfallbeteiligte neben der polizeilichen Beweissicherung eine **private Unfallaufnahme** durchführen, gibt es dagegen keine rechtlichen Einwände. Werden hierbei Sachverständige hinzugezogen, so können sie im späteren Gerichtsverfahren als persönliches Beweismittel eingeführt werden, (§§ 77 ff., 163 a II StPO; §§ 284 ff., 355 ff ZPO).

Eine sachgerechte Verkehrsunfallaufnahme stellt erhebliche Anforderungen an das technische, physikalische und naturwissenschaftliche Wissen des Ermittlers. Darüber hinaus sind bei der Verkehrsunfallaufnahme nicht nur Spurensuche und Spurensicherung durchzuführen, sondern gegebenenfalls auch **Hilfeleistungen** (Kapitel 3.8) gegenüber Verletzten und **Gefahrenabwehr** (Kapitel 3.8) durch Sicherung der Unfallstelle, bei gefährlichen Gütern oder gefährlichen Tieren zu leisten.

Dabei zeigt sich die **Hilfeleistung** als besonders problematisch. Da in den meisten Fällen gleichzeitig der Notarzt verständigt wird, ist besonders sachkundige Hilfe schnell zu erwarten. Insofern muss geprüft werden, ob darüber hinaus polizeiliche Erste Hilfe notwendig und/oder sinnvoll ist.

Verkehrsunfälle mit Toten, schweren Verletzungen oder mit erheblichen Schäden für die Umwelt sollten mit Hilfe der Fotogrammetrie oder 3 D-Scanner (Kapitel 3.6.4) dokumentiert werden. Ansonsten sind Skizzen (Kapitel 3.6.5) und Fotografien (Kapitel 3.6.4) zu fertigen. Der Tatortbefundbericht kann in solchen Fällen nicht allein auf den üblichen Formularen geschrieben, sondern sollte nach Muster Kapitel 20.1 gefertigt und als Anlage beigefügt werden.

Bei schwer wiegenden Verkehrsunfällen ist die **Staatsanwaltschaft**, § 160 StPO, sofort zu benachrichtigen, damit die erforderlichen Maßnahmen abgestimmt werden können, insbesondere, ob ein Sachverständiger zum Unfallort zu bitten ist (Kapitel 3.10), ob Blutproben und/oder Obduktionen erforderlich sind.

15.2.1 Straße

Im Bereich der Straße hat sich die Untersuchung auf folgende Teilbereiche zu erstrecken:
- Lichtverhältnisse, Sonnenstand, Beleuchtung.
- Witterungsverhältnisse.
- Straßenbefestigung und -belag, Schäden, Feuchtigkeit, Glätte, Schmierstoffe.
- Straßenverlauf, Gefälle, Steigung, Kurve, Kuppe.
- Straßencharakteristik, Kreuzung, Einmündung, Ausfahrt.
- Verkehrszeichen und -einrichtungen, Fußgängerüberweg und -furt, Haltestelle, Arbeitsstelle, Schienenübergang, Verkehrsberuhigung.
- Formspuren, hervorgerufen durch Opfer, Fahrzeug oder Fahrzeugteile, Reifen und Gegenstände.
- Gegenstände, die mit dem Unfall in Zusammenhang stehen könnten.
  Bei Verkehrsunfallflucht können zerbrochene Glas- oder Kunststoffteile auch als Passstücke (Kapitel 2.3.2.2) Verwendung finden.

15.2.2 Fahrzeug

Bei der Untersuchung des Fahrzeugs hat sich die Spurensuche auf folgende Teilbereiche zu erstrecken:
- Amtliches Kennzeichen. Fahrzeugidentifizierungsnummer (Kapitel 14.1). Baujahr. Letzte Hauptuntersuchung (TÜV-Abnahme). Leergewicht und zulässiges Gesamtgewicht. Ladung, insbesondere Gefahrgut. Allgemeiner Eindruck des Fahrzeugs ohne Unfallspuren.
- Zustand der **Reifen** (*Heinrich*, a.a.O. S. 749).
- Zustand der **Bremseinrichtung**. Wird ein Anhänger oder Auflieger mitgeführt, muss zunächst festgestellt werden, ob das Bremssystem den Vorschriften im § 41

StVZO entspricht. Die Zulassungsunterschiede ergeben sich im Wesentlichen durch das Gewicht und die zugelassene Geschwindigkeit. Wegen der vielen verschiedenen Bremssysteme (Betriebsbremse, Feststellbremse, Auflaufbremse und Abreißbremse) empfiehlt es sich, bei der Überprüfung die anerkannten Vorschriften „Anweisung zur Prüfung von Bremsen an Kfz und Kfz-Anhängern durch die Verkehrspolizei" und „Richtlinien über die Bremsanlagen in Zügen mit durchgehender hydraulischer Kraftübertragung" (siehe Polizei-Fach-Handbuch) zur Hand zu nehmen. Werden noch (alte) Bremskraftregler verwendet, bei denen der Ladezustand des Anhängers von Hand eingestellt werden muss, ist die Einstellung sofort zu überprüfen und zu dokumentieren. Ein falsch eingestelltes Ventil führt zur Über- oder Unterbremsung des Anhängers und somit zum Schleudern.

— Ausrüstung mit extremer **Musik- bzw. Lautsprecheranlage** und deren Betriebszustand. Ausrüstung mit Funktelefon oder losem Handy und deren Betriebszustand. Betreiber und Rufnummer dieser Geräte. Ist ein Mobiltelefon (Handy) vorhanden, so kann beim Betreiber die genaue Uhrzeit der Benutzung festgestellt werden (§ 112 II TKG).

— **Fahrtenschreiber bzw. Kontrollgerät**.

— **Sitzpositionen feststellen**. Da beim Sitzen Faserspuren der Kleidung zurückbleiben, müssen diese an den Rückenlehnen und Sitzflächen des Kfz als Mikrospuren gesichert werden (Kapitel 2.3.1.1 und 3.5.5). Die Feststellung kann aber nur beweiserheblich sein, wenn die Insassen vor dem Unfallzeitpunkt keine rechtmäßige Nutzung des Fahrzeugs hatten und nach dem Unfall keine Hilfe leisteten.

Durch den Anstoß des Fahrzeugs können sich angelegte **Rückhaltegurte** durch die kinetische Energie (Bewegungsenergie) des Körpergewichtes zwischen 5 und 15 % dehnen und wieder in die Ursprungsform zurückgleiten. In gedehntem Zustand werden Fasern aus der Kleidung aufgenommen und danach im Gurt-Gewebe eingeklemmt, die als Mikrospuren (Kapitel 2.3.1.1 und 3.5.5) zu identifizieren sind. Da diese Spuren nur bei einem Unfall entstehen, können sie von den zuvor oder danach entstehenden deutlich unterschieden werden.

Je nach Aufprallgeschwindigkeit und Aufprallrichtung des Fahrzeugs werden die Insassen oder Körperteile gegen verschiedene Teile der **Inneneinrichtung** geschleudert. Das gilt insbesondere für Personen, wenn sie keine Rückhaltegurte angelegt haben, aber stets für Arme und Beine. Als Anstoßstellen kommen besonders die Verkleidungen der Tür, der Lenksäule und des Schalthebels in Betracht. Diese bestehen überwiegend aus Kunststoff. Durch den großen Druck und die schnelle Geschwindigkeit, mit denen die Insassen oder Körperteile gegen die Verkleidungen geschleudert werden, entsteht eine derart hohe Reibungswärme, dass der Kunststoff seine Schmelzwärme erreicht und jetzt, wie ein Klebeband, aus der Kleidung der Insassen Fasern aufnimmt und fest einschmilzt, die als Mikrospuren (Kapitel 2.3.1.1 und 3.5.5) zu identifizieren sind. Diese **Abriebe** oder **Einschmelzungen** können großflächig oder so klein sein, dass sie nur mit optischen Hilfsmitteln (Kapitel 3.5.1) erkannt werden können.

Abdruckspuren (Kapitel 2.3.3.2) entstehen auch auf dem Bremspedal von den Schuhen des Fahrers. Je nach Riffelung des Pedals und der Schuhsohle sind diese Abdrücke individualisierbar. Die Sicherung erfolgt mit Klebefolie (Kapitel 3.5.5).

In Einzelfällen kommt auch die Sicherung von **Fingerspuren** (Kapitel 4.1.1) an den Bedienungsteilen in Betracht. Das gilt insbesondere nach Unfallflucht oder beim Verschweigen der Identität des Fahrers. Die Feststellung kann aber nur beweiserheblich

sein, wenn die Insassen vor dem Unfallzeitpunkt keine rechtmäßige Nutzung des Fahrzeugs hatten und nach dem Unfall keine Hilfe leisteten (*Jochem,* a.a.O. S. 341).
- **Rückhaltegurte**. Ob die Gurte während des Unfalls angelegt waren, lässt sich am Gurtschloss, an der Rolle und am Umlenker feststellen, da durch den Anstoß an diesen Stellen starke Reibung auftritt und Wärme entsteht, die zu typischen Veränderungen führt. Ebenso ist dies an der starken Dehnung des Gewebes nachweisbar.
- Haben die **Airbags** ausgelöst? Dies lässt zunächst den Rückschluss auf die Intensität des Zusammenstoßes zu. Aber an den Airbags sind Spuren vom Kopf und von der Kleidung der Personen, die dort saßen, vorhanden (Schweiß, Haare und Faserspuren). Diese entstehen nur im Augeblick des Zusammenstoßes und beweisen deshalb, wer das Fahrzeug zu diesem Zeitpunkt gefahren hat.
- **Verletzungsspuren im Innenraum**, insbesondere Blut (Kapitel 6.1) und Haare (Kapitel 6.2). Auch hierdurch kann die Sitzposition ermittelt werden.
- Liegen **lose Gegenstände** im Innenraum, z.B. Autoatlas, Schirm, pp. Befinden sich daran Verletzungsspuren?
- **Äußere Beschädigungen** am Fahrzeug, insbesondere am Blech (Kapitel 6.11), am Lack (Kapitel 6.10), an Glas- (Kapitel 6.9) und Kunststoffteilen (Kapitel 6.12) sowie an Glühbirnen. An beschädigten Glühbirnen lässt sich feststellen, ob sie während der Beschädigung eingeschaltet waren oder nicht. Ebenso lässt sich feststellen, ob die bereits beschädigte Lampe nachträglich unter Strom gesetzt wurde. *Salentyn,* a.a.O. S. 22.
- **Verletzungsspuren an der Außenseite** des Fahrzeugs, insbesondere Blut (Kapitel 6.1), Haare (Kapitel 6.2) und/oder Kleidungsstücke.
- **Behauptete Mängel** am Fahrzeug, an der Fahrbahn oder an Verkehrseinrichtungen. Hiernach sind Fahrer und Mitfahrer stets zu befragen.

15.2.3 Fahrer

Zunächst stellt sich die Frage nach dem tatsächlichen Fahrer. Ist dies nicht mit Sicherheit zu klären, kann über die Sitzposition (Kapitel 15.1.2) ermittelt werden. Ferner ist die Anzahl der Mitfahrer festzustellen und ob sich diese verkehrsgerecht in dem Fahrzeug verhalten haben. Als Vergleichsspur ist dazu die Kleidung sicherzustellen.

Darüber hinaus geht es um die Fahrtüchtigkeit. Dabei sind folgende Fragen zu beantworten:
- Fahrerlaubnis, besondere Fahrerlaubnis, Fahrlehrerlaubnis.
- Fahrpraxis, allgemein und mit dem Unfallfahrzeug.
- Sehhilfe.
- Behinderung, notwendige Sonderausstattung.
- Behinderung durch Musikanlage, Funktelefon, Ladung, Tiere oder Mitfahrer. Ist ein Mobiltelefon (Handy) vorhanden, so kann beim Betreiber die genaue Uhrzeit der Benutzung festgestellt werden (§ 112 II TKG).
- Übermüdung, „Sekundenschlaf".
- Alkohol- (Kapitel 7.3.1), illegaler Drogen- (Kapitel 7.1) und/oder Tablettenkonsum (Kapitel 7.3.2).
- Helmpflicht? Besondere Zweiradbekleidung?

16 Gerüche

Geruchsstoffe oder Riechstoffe sind gas- oder dampfförmige bzw. gelöste Stoffe, auf die die Geruchssinneszellen ansprechen. Die Geruchsreize werden beim Menschen und bei Wirbeltieren über paarige Geruchsnerven dem Gehirn übermittelt. Gerüche können angenehm oder unangenehm wirken und haben damit Einfluss auf **emotionales Verhalten**. Gleichzeitig haben sie großen **Gedächtniswert** und können als **Schlüsselreize** wirken. Bei **Dauerreizung** durch einen bestimmten Stoff erlischt diese Geruchsempfindung, ohne andere Reize zu beeinträchtigen.

Gerüche werden nicht von allen Menschen gleich wahrgenommen. Selbst der so typische Bittermandelgeruch von Zyankali (Kaliumsalz der Blausäure) ist aufgrund genetischer Konstellation von einigen nicht wahrnehmbar (Eisenmenger, W. : Auszug aus Gutachten. In: Kriminalistik, 7/1995, S. 564). Dies hat besondere Bedeutung beim Erkennen von Vergiftung und bei Zeugenaussagen.

16.1 Geruchsspur

Gerüche haben kriminalistische Bedeutung bei der **Identifizierung von Personen**. Das gilt ganz besonders, wenn Täter Gegenstände angefasst oder eigene Gegenstände verloren haben. Der daran befindliche Geruch kann dem Spurenleger nachgewiesen werden.

Hunde besitzen einen ausgeprägten Geruchssinn. Diese Fähigkeit ist so stark ausgebildet, dass diese Tiere noch Gerüche wahrnehmen, die 1000-mal schwächer als jene Geruchsempfindungen sind, die Menschen wahrnehmen können.

Darüber hinaus können Hunde **Gerüche** in einem solchen Maß **unterscheiden**, wie uns das nur schwer vorstellbar ist. Hierbei kann man nur vermuten, dass diese Fähigkeit mit dem Unterscheidungsvermögen des Menschen beim Sehen vergleichbar ist. So kann man z. B. ähnliche Gesichter zwar nicht mehr unterschiedlich beschreiben, jedoch sind sie bei der Betrachtung so markant verschieden, dass man sie doch unterscheiden kann. Ferner sind Hunde in der Lage, Gerüche über lange Zeit im Gedächtnis zu speichern und dann wieder zu erkennen (*Marciejewski*, a.a.O. 1995, S. 482).

16.2 Menschlicher Individualgeruch

Der Geruch des Menschen ist ein **Mischgeruch**, der aus verschiedenen Komponenten besteht:

a) **Umgebungsbedingt:**
   Dies sind Milieugerüche oder Gerüche von Haus-Tieren. So riecht jemand z. B. nach Gaststättenluft oder nach dem spezifischen Geruch seines Arbeitsplatzes oder nach seinem Hund.

b) **Gewohnheitsbedingt:**
   Diese Gerüche entstehen durch Körperpflege, Rauchen, Essen, Drogeneinnahme oder Trinken. So fällt z.B. der Knoblauchgeruch bei einem anderen Menschen auf, jedoch nur dann, solange man selbst nicht Knoblauch gegessen hat.

c) **Krankheitsbedingt:**
   Diese Gerüche entstehen durch körpereigene Reaktionen oder durch Medikamenteneinnahme.

d) **Psychisch bedingt:**
   Angst und Stress führen nicht nur zum Schweißausbruch, was jedermann sehen kann, sondern entwickeln auch eine eigene Geruchsrichtung.

e) **Genetisch bedingt:**
   Dieser Geruch ist in den Erbanlagen **individuell** angelegt und nicht veränderbar. Er ist mit dem Fingerabdruck vergleichbar.

Der Hund kann nicht nur diese verschiedenen Gerüche unterscheiden, sondern ist durch Training auch in der Lage, lediglich den genetisch bedingten Geruch wahrzunehmen und individuell zuzuordnen.

Da der Hinweis auf den Verdächtigen durch die Reaktion eines Tieres gegeben wird, handelt es sich um ein Beweisanzeichen oder einen **Indizienbeweis**.

16.3 Anwendungsmethode

Die Anwendung setzt voraus, dass am Tatort ein individueller Geruch gesichert wurde. In der Anwendungsmethode gilt es, die Anlagen des Tieres und dessen Spieltrieb richtig einzusetzen. Dabei darf der Hund nicht durch äußere Einflüsse gestört werden. Dies hat folgende Konsequenzen:

Der Tatverdächtige darf nicht direkt mit dem Hund in Kontakt kommen, weil der Mensch durch seine Reaktionen das Verhalten des Hundes beeinflussen könnte. Ebenso muss das Tier eine Auswahlmöglichkeit zwischen dem Geruch des Tatverdächtigen und dem von weiteren Personen haben. Daher wird folgendermaßen vorgegangen:

a) Der Tatverdächtige und weitere Vergleichspersonen geben durch Anfassen ihren Geruch an verschiedene sterile Metallröhrchen, die zu einem späteren Zeitpunkt auf einem Untersuchungstisch ausgelegt werden (Abb. 55).

b) Auf den Untersuchungstisch (Abb. 55a) werden das Röhrchen des Tatverdächtigen und sechs weitere Röhrchen von Vergleichspersonen ausgelegt. Im **ersten Durchgang** wird dem Hund ein Gegenstand mit dem **Geruch einer Vergleichsperson** vorgehalten. Das Röhrchen von dieser Person muss er herausfinden, ohne das des Tatverdächtigen zu beachten. Damit soll überprüft werden, ob der Hund von vornherein am Geruch des Tatverdächtigen interessiert ist (Präferenzverhalten) und ferner, ob er menschlichen Geruch richtig zuordnen kann (Leistungsfähigkeit). Ohne die Anordnung auf dem Untersuchungstisch zu verändern, wird nach etwa fünf Minuten demselben Hund im **zweiten Durchgang** die Tatort-Geruchsspur des Verdächtigen vorgehalten, die er jetzt suchen muss. Das Verfahren wird mit **zwei weiteren Hunden** wiederholt.

c) Der Ablauf des Verfahrens und die Reaktionen der Hunde werden im Video-Film festgehalten.

d) Bei der Durchführung des Verfahrens können der Verteidiger (§ 168 c StPO) des Tatverdächtigen, der Staatsanwalt und / oder ein Richter (§ 86 StPO) anwesend sein.

Haben alle drei Hunde denselben Geruch identifiziert, so kommt die Person mit einer Wahrscheinlichkeit von 1:1,2 Millionen als Täter in Betracht. Die Würdigung dieses Indizienbeweises obliegt allein dem Gericht.

16.4 Spurensicherung

Bei der Spurensicherung sind Einmalhandschuhe (Siliconhandschuhe) zu tragen, die direkt aus der Verpackung genommen werden, oder sterile Zangen zu verwenden. Die Sicherung der Spur erfolgt im Original oder als **Duftkopie**. Dabei wird der Gegenstand, der vom Tatverdächtigen verloren oder angefasst wurde, in einem Kunststoffbeutel oder in einer Brandschutt-Tüte aufbewahrt, damit sich die Geruchsspur nicht verflüchtigt oder durch neue Gerüche beeinflusst wird.

Kann der Geruchsspurenträger nicht mitgenommen werden, weil der Täter z. B. eine Mauer angefasst hat oder barfuß gelaufen ist, so wird dieser Geruch durch das Auflegen von einer sterilen Mullkompresse (24 Stunden) als „Duftkopie" aufgenommen und gesichert.

Abb. 55: Geruchsübertragung auf Metallröhrchen

Abb 55a: Geruchsspurenuntersuchung

17 Stimmen / Sprache

Die Stimme dient dem Menschen zur Lautäußerung und zur Verständigung. Sie hat einen bestimmten Klangcharakter und hohen Signalwert.
Die Stimmbänder im Kehlkopf werden durch die durchströmende Luft in Schwingungen versetzt. Durch die Resonanzräume des Rachens, des Mundes und der Nase werden die Laute verstärkt. Dabei helfen Zunge und Lippen bei der Ausprägung der Sprache. Die Tonhöhenbereiche werden **Stimmlage** genannt.
Bei **Frauen** unterscheidet man: Sopran (italienisch: der Obere, höchste menschliche Tonlage), Mezzosopran (zwischen Sopran und Alt) und Alt (italienisch: hoch, ursprünglich hohe Männerstimme, jetzt tiefste Frauenstimme).
Bei **Männern** unterscheidet man: Tenor (italienisch: hohe Männerstimme), Bariton (italienisch: Tiefton, zwischen Tenor und Bass) und Bass (italienisch: tief, tiefste Männerstimme).
Der **Stimmumfang** beträgt durchschnittlich zwei, bei geübten Sängern mehrere Oktaven.
Der **Dialekt** ist eine standortgebundene Sonderform der Aussprache (Lautäußerung).
Jeder Mensch hat individuelle Merkmale in der Stimme, die nicht veränderbar sind. Das gilt auch bei so genannter Stimmenimitation (Nachahmung). Auch Zahnersatz beeinträchtigt nicht die individuellen Merkmale.

17.1 Stimmenanalyse

Für die Stimmenanalyse ist grundsätzlich eine **elektronische Aufzeichnung** der Täterstimme erforderlich.
Ist ein Tatverdächtiger noch nicht ermittelt, so kann die Stimmenanalyse Fahndungshinweise geben. An der Stimme können das Geschlecht, das Alter, die Bildung, der Beruf und die ethnische Herkunft erkannt werden. Für die Untersuchung kommen insbesondere drei Bereiche in Betracht:
- **Stimme:** Merkmale der Stimmtonerzeugung im Kehlkopf.
- **Sprache:** Muttersprache, Dialekt, Soziolekt (Berufssprache oder Teenagersprache) und Textsorten.
- **Sprechweise:** Geschwindigkeit, Pausenverhalten, Rhythmus, Häsitation (Zögern, Zaudern).

Die Untersuchungen können bei den Landeskriminalämtern und beim Bundeskriminalamt durchgeführt werden.

17.2 Stimmenidentifizierung

Auch für die Stimmenidentifizierung ist grundsätzlich eine **elektronische Aufzeichnung** der Täterstimme erforderlich.
Wird ein Tatverdächtiger ermittelt, so können seine Stimme mit der Tatstimme elektronisch verglichen und die Identität zweifelsfrei festgestellt werden.
Das Vergleichsmaterial (Kapitel 2.5) setzt einen kooperativen Tatverdächtigen voraus. Dabei sollen auch die Tatworte gesprochen und auf qualitativ gutem Tonträger aufgezeichnet werden. Der zu sprechende Text soll schriftlich vorliegen und insgesamt eine DIN-A-4-Seite entsprechen (BKBl. Nr. 180 vom 17.9.1996 und Nr. 112 vom 13.6.2001).
Liegt von der Täterstimme **keine Tonbandaufzeichnung** vor, kann diese auch durch Anerkennung identifiziert werden. Das setzt voraus, dass die Sprache des Täters während der Tat von einem Zeugen **gehört** wurde und er glaubt, die Stimme wiederzuerkennen.

Die Anerkennung dieses Beweismittels vor Gericht setzt die Einhaltung der gleichen Beweisregeln voraus, die für die visuelle Wahlgegenüberstellung gelten,(BGHSt 40, 66 und NStZ 1983, S. 377). Deshalb hat sich für dieses Verfahren in der Literatur der Fachbegriff „**Akustische Gegenüberstellung**" gebildet.

Beim Anerkennungszeugen muss zunächst festgestellt werden, unter welchen Bedingungen er die Stimme wahrgenommen hat und warum er sich daran erinnert. Dies ist in der Vernehmung festzulegen.

Die Stimmenidentifizierung ist nur möglich, wenn der Tatverdächtige kooperativ ist. Ist das nicht der Fall, kann auf richterlicher Anordnung die Stimme heimlich aufgezeichnet werden, (§§ 81 b, 100 c, 100 a, 100 d StPO).

Es sind zunächst sechs oder acht (einschließlich die des Tatverdächtigen) **Sprechproben** von verschiedenen Menschen zu erstellen. Die Aufzeichnung auf Tonträger ist ratsam, um während der späteren Anerkennung durch den Tatzeugen Störungen auszuschließen (BKBl. Nr. 180 vom 17.9.1996 und Nr. 112 vom 13.6.2001).

Es ist darauf zu achten, dass sich die Stimmen der Sprechproben im **Klangbild, Akzent** und **Dialekt** ähnlich sind und der Text ähnliche Strukturen hat, wie das Tatgespräch. Problematisch ist, dass die Sprecher kaum in der Lage sind, die Stresssituation während der Tat nachzuahmen. Das gilt auch für den Tatverdächtigen.

Damit alle Personen den gleichen Text sprechen, ist zunächst ein **Manuskript** zu erstellen.

Bei der praktischen Durchführung sind dem Anerkennungszeugen nacheinander die Stimmen zu Gehör zu bringen. Das Verfahren entspricht dem der Gegenüberstellung (*Weihmann,* a.a.O. 2004, Kapitel 12). In der anschließenden Vernehmung soll der Zeuge darlegen, woran und mit welcher Sicherheit er den Tatverdächtigen erkannt hat. Der Vernehmungsbeamte legt in einem Vermerk nieder, wie die Reaktion des Zeugen beim Vorspielen der Stimmen war.

Die Tonträger mit den Vergleichsstimmen sind dem Gericht zur freien Beweiswürdigung, § 261 StPO, vorzulegen (*Pfister*, a.a.O. S. 287).

17.3 Geräuschanalyse

So genannte Hintergrundgeräusche, z.B. Verkehrslärm, Turmuhrschlagwerke, Stimmen, u.a.m., können analysiert werden. Dabei besteht die Schwierigkeit festzustellen, ob diese Geräusche tatsächlich natürlich entstanden sind, oder ob diese zur Täuschung absichtlich von Tonträgern zusätzlich eingespielt wurden.

17.4 Authentisierung

Hierbei geht es um die Frage, ob das vorliegende Tonmaterial tatsächlich echt ist. Wurden nachträglich Manipulationen vorgenommen? Welches Gerät ist geeignet, eine Fälschung vorzunehmen? Mit der heute zugänglichen Computer-Software bestehen große Möglichkeiten, Fälschungen herzustellen, die nicht ohne weiteres erkannt werden. Die Fachleute der LKÄ und des BKA können hier wichtige Hinweise geben (Kapitel 1.7)

17.5 Qualitätsverbesserung

Ziel ist die Steigerung der Verständlichkeit bei gestörten Aufzeichnungen, z.B. unerwünschtes Rauschen oder Piepstöne.

17.6 Phonetische Textanalyse

Hierbei geht es um zwar deutlich zu hörende, aber unverständliche Sprachanteile, die durch „Nuscheln" oder Verschlucken von Wortteilen oder ganzen Wörtern entstehen.

18 Leichen

Als Leichen gelten neben den menschlichen Körpern auch Leichenteile. (Ausführlich in: *Weihmann*, a.a.O. 2004, Kapitel 22)

18.1 Todesarten

Bei der Todesermittlung kommt es im Wesentlichen auf die Feststellung an, ob natürlicher oder nicht natürlicher Tod vorliegt.

Kann der natürliche Tod nicht mit Sicherheit festgestellt werden, wird von einem nicht natürlichen Tod ausgegangen, so dass alle Sofortmaßnahmen zur Sicherung des Tatortbefundes erfolgen müssen.

Der **natürliche Tod** tritt alters- oder krankheitsbedingt ein.

Jeder andere Todesart wird als nicht natürlich (§ 159 StPO) bezeichnet, das sind insbesondere:
– Freitod.
– Unfall.
– Durch rechtswidrige Tat, § 11 I 5 StGB.
– Einwirkung von außen, z.B. Unwetter.
– Nach Krankheit und Operation nur dann, wenn Behandlungsfehler oder sonstiges Verschulden des behandelnden Personals vorliegt.

Ist jemand eines nicht natürlichen Todes gestorben oder wird der Leichnam eines Unbekannten gefunden, ist die Staatsanwaltschaft zu verständigen, § 159 StPO. Zweck der Unterrichtung ist es, den Toten zu **identifizieren** und die Todesursache zu ermitteln, insbesondere festzustellen, ob **Fremdverschulden** vorliegt. Die Maßnahmen nach § 159 StPO begründen noch kein Ermittlungsverfahren nach § 163 StPO, sondern sie dienen der vorsorglichen Beweissicherung (*Weihmann*, a.a.O. 2004, Kapitel 22.9 und 22.14).

18.2 Todesursachen

18.2.1 Strangulation

Bei der Strangulation wird die Blutzufuhr und/oder die Blutabfuhr (Blutstauung) zum Gehirn mit mechanischen Mitteln (Seil, Kabel, Hände, Armbeuge, pp) am Hals unterbunden. Die Todesursache ist die mangelnde Sauerstoffversorgung des Gehirns, was zur Bewusstlosigkeit und schließlich zum Tod führt. Bei dieser Tötungsart können auch das Zungenbein und der Kehlkopf gebrochen und die Atemluftzufuhr unterbunden werden.

Erhängen:
Eine Schlinge um den Hals wird durch das Gewicht des Körpers zugezogen. Dazu sind lediglich fünf Kilogramm Gewicht erforderlich, so dass auch in hockender oder sitzender Stellung der Tod eintreten kann. Die Halsschlagadern werden durch die Schlinge abgeklemmt und damit die Sauerstoffversorgung des Gehirns unterbunden. Durch die Schlinge entsteht am Hals eine Furche. Diese **Strangulationsfurche** läuft zum Aufhängepunkt hoch. Liegt der Aufhängepunkt genau im Nacken oder unter dem Kinn, spricht man von symmetrischem Erhängen, ansonsten von unsymmetrischem (*Naeve*, a.a.O. S. 63) (Abb. 56).

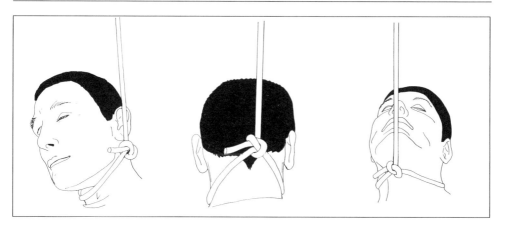

Abb. 56: Symmetrisches und asymmetrisches Erhängen

Wird ein Doppelseil um den Hals gelegt, so quetscht sich die Haut zwischen den Seilen ein. Es entsteht eine **Kammblutung** (Abb. 57).

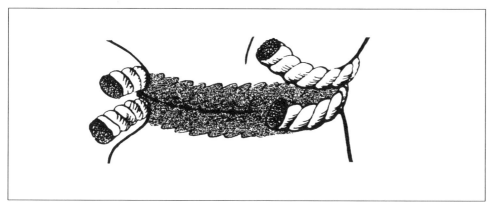

Abb. 57: Kammblutung bei Doppelschlinge

Dekapitation:

das Abtrennen des Kopfes, ist beim Erhängen möglich (*Rabl* u.a. a.a.O. S. 199). Sie tritt auf, wenn genügend freier Fall besteht und eine leicht laufende Schlinge verwendet wird. Da die Kopfabtrennung sehr geradlinig verläuft, kann die Dekapitation auch mit dem Enthaupten verwechselt werden. Bei einer „geköpften" Leiche muss immer nach einem darüber befindlichen Strangulationswerkzeug gesucht werden.

Erdrosseln:

Hierbei werden die Halsschlagadern mit einem Strangulationswerkzeug unterbunden, das kreisförmig um den Hals gelegt wird. Somit entsteht eine **ringförmige Strangulationsfurche** am Hals. Erdrosseln zur Selbsttötung ist nur mit stabilen Kabelbindern möglich, die ruckartig zugezogen werden. Andere Seile oder Kabel würden sich nach dem Eintritt der Bewusstlosigkeit lösen und so die Sauerstoffversorgung des Gehirns wieder freigeben.

Erwürgen:

Als „Werkzeug" zum Abdrücken der Halsschlagadern werden die Händen oder die Armbeuge benutzt. Die Tatausführung mit den Händen erfordert überdurchschnittliche Kraft. Dabei können mit den Daumen auch die Kehlkopfhörner verletzt werden. Das Erwürgen mit der Armbeuge kann auch unbeabsichtigt erfolgen, wenn jemand in den so genannten „Schwitzkasten" genommen wird. Befindet sich der Kehlkopf genau in der Armbeuge – um ihn gegen Druck zu schützen – können die Oberarm- und Unterarmmuskeln hebelartig die Schlagadern abdrücken.

18.2.2 Druckstauungen

Die Druckstauungen werden in zwei Kategorien eingeteilt (nach dem Mediziner *Perthes* und nach dem in England lebenden Mörder *Burk*).

Nach *Perthes* ist eine Tötung möglich, wenn in ausgeatmetem Zustand der Brustkorb des Opfers fixiert wird, sodass es nicht mehr einatmen kann, z.B. durch Verschüttung mit Sand oder Schnee, aber auch durch Erdrücken im Gedränge, wie beim Panikverhalten in Stadien, wenn das Opfer gegen die geschlossenen Ausgangstore gedrückt wird.

Burk verkaufte Leichen aus dem Stadtstreichermilieu an die Gerichtsmedizin. Um genügend Opfer zu haben, setzte er sich bei stark alkoholisierter Person auf deren Brustkorb und hielt ihnen gleichzeitig Nase und Mund zu. Diese Tötungsart wird „Burking" genannt.

18.2.3 Ersticken

Dies liegt immer vor, wenn die Sauerstoffversorgung innerhalb oder von außen unterbrochen ist. Das kann chemisch oder mechanisch erfolgen.

Beim **„chemischen"** Ersticken wird der lebensnotwendige Luftsauerstoff durch andere Gase, z.B. Kohlenmonoxid in Brunnenschächten oder Silos verdängt. Das kann auch durch den Verbrauch von Luftsauerstoff durch Atmung entstehen, wenn keine frische Luft nachgeführt wird, z.B. bei Kinderspielen durch das Verstecken im Kühlschrank oder durch das Überziehen einer Plastiktüte über dem Kopf. In seltenen Fällen entsteht bei dieser Todesursache Atemnot. Über die Ohnmacht tritt der Tod ein.

Beim **„mechanischen"** Ersticken werden Mund und Nase verschlossen, z.B. mit Kissen oder mit Klebeband. Dabei tritt Atemnot ein. Über **Panikreaktionen** kommt es zum **„Todeskampf"**, der mehrere Minuten anhält. Typisch bei dieser Todesart sind starke Gegenwehr-Verletzungen und Kampfspuren.

1. Sauerstoffmangel in der Atemluft
2. Verschluss der Atemwege durch Krankheit
3. Behinderung der Sauerstoffaufnahme durch kranke Lunge
4. Behinderung der Sauerstoffaufnahme durch krankes Herz
5. Behinderung der Sauerstoffaufnahme durch krankes Blut
6. Behinderung der Sauerstoffaufnahme durch kranke Körperzellen

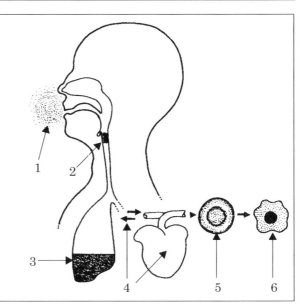

Abb. 58: Ersticken durch Unterbrechung der Sauerstoffversorgung im Körper

1. Druckstauung oder Perthes
2. Einamtmen von fester Masse
3. Knebelung
4. Bolustod
5. Erwürgen
6. Erhängen, Erdrosseln
7. Mechanischer Verschluss von Mund und Nase
8. Sauerstoffverbrauch durch Plastiktüte
9. Ertrinken

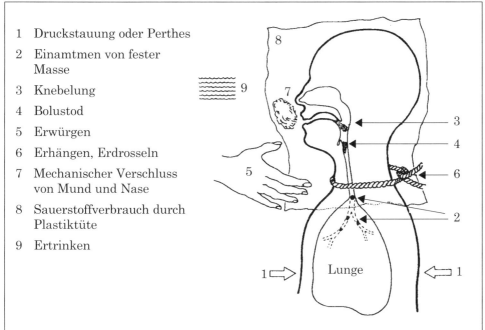

Abb. 59: Ersticken durch Unterbrechung der Sauerstoffversorgung von außen

18.2.4 Bolustod (Bissentod)

Diese Todesursache wird leicht mit dem Ersticken verwechselt, weil das Opfer Erbrochenes oder Essenstücke im Rachenraum hat und so angenommen wird, dass die Atmung blockiert gewesen sei. Tatsächlich wird der Tod durch einen **Reflex** ausgelöst, der zum Herzstillstand führt. Ursächlich für den Reflex ist zunächst ein relativ betrunkenes Opfer. Darüber hinaus muss das Opfer große Speisestücke unzerkaut herunterschlucken. Diese Speisestücke können dann im Hals den Reflex auslösen.

18.2.5 Schnitt

Schnitte am menschlichen Körper sehen durch den Blutaustritt meist schlimmer aus, als sie für die Gesundheit des Opfers sind. Tödlich verlaufen Schnitte nur, wenn damit Schlagadern geöffnet werden, sodass das Blut in größeren Mengen aus dem Körper fließt (Kapitel 6.1) und dadurch die Sauerstoffversorgung des Gehirns nicht mehr ausreicht. Bei anderen Schnitten wird die Wunde durch Blutgerinnung geschlossen. Kriminalistische Bedeutung haben solche Verletzungen insbesondere bei der Selbsttötung durch Öffnen der Pulsschlagadern am Handgelenk, bei denen oft „**Parallelschnitte**" wegen mehrerer Versuche zu sehen sind. So genannte „**Querschnitte**" sind nicht lebensgefährlich, weil die Schlagadern durch die davor liegenden Sehnen geschützt sind. Nur bei intensiven Längsschnitten können Adern geöffnet werden.

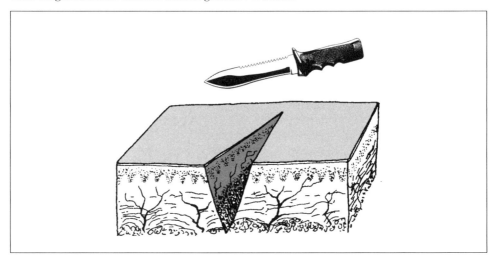

Abb. 60: Schnittwunde

18.2.6 Stich und Hieb

Ernsthafte Verletzungen durch Stich oder Hieb sind nur zu erreichen, wenn der Täter diese mit heftiger Bewegung und mit großer Kraft führt. Die Haut und das Knochengerüst bremsen „versehentliche" Stiche so ab, dass sie in der Regel nicht lebensbedrohend sind. Bei gezielter Tötung werden mehrere Einstiche meist auf größerer Körperfläche verteilt. Dabei sticht der Täter durch die Kleidung.

Sind diese Stiche auf eine Stelle konzentriert oder ist die Kleidung entfernt worden, deutet dies auf eigenhändige Tat hin.

18.2.7 Stumpfe Gewalt

Bei dieser Todesart stellt sich die Frage, ob das Opfer gestürzt, geschlagen oder überfahren wurde. In allen Fällen entstehen gleichartige Verletzungen, vom Bluterguss bis zur Platzwunde (Abb. 61). Dies kann nur durch sorgfältige Tatortbefundaufnahme geklärt werden.

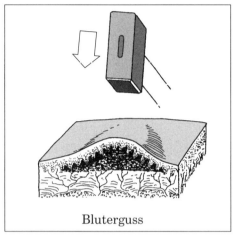
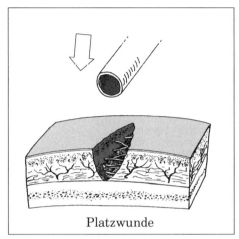

Abb. 61: Bluterguss, Platzwunde

Bei Kopfverletzungen gilt die „**Hutkrempenregel**" (Abb. 62). Alle Verletzungen oberhalb dieser gedachten Linie sind durch Schlagen entstanden, alle unterhalb dieser Linie durch Sturz.

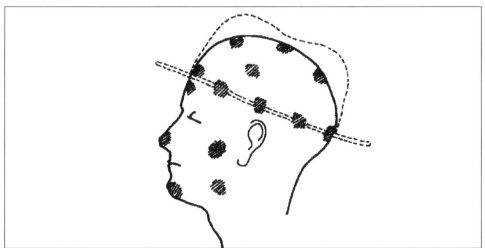

Abb. 62: Schlag oder Sturz „Hutkrempenregel"

18.2.8 Ertrinken

Durch das Einatmen von Wasser in die Lunge wird ein Reflex ausgelöst, der zum Herzstillstand führt. Ist das Opfer bei Bewusstsein, so versucht es durch das Anhalten der Atmung das Eindringen des Wassers zu verhindern. Dies führt zur Panik und zum Todeskampf.

18.2.9 Verbrennen / Verbrühen

Der Tod beim Brand tritt in der Regel nicht durch das offene Feuer ein, sondern durch das beim Brand entstehende Kohlenmonoxid und wird als **Rauchvergiftung** bezeichnet. Es ist dem „chemischen" Ersticken (Kapitel 18.2.3) gleichzusetzen.

Wird dagegen beim Lebenden die Haut (Kapitel 4.1) verbrannt oder verbrüht, so tritt in den Körperzellen eine **Eiweißgerinnung** ein, die zur Selbstvergiftung führt. Die Haut kann dann die Funktionen als Organ nicht mehr wahrnehmen.

Die Gefahr des Todes tritt erst ein, wenn mehr als eine bestimmte Fläche der Haut zerstört ist. Dabei gibt es zwischen Kindern und Erwachsenen große Unterschiede im prozentualen Anteil der geschädigten Haut:

Erwachsene mehr als 40 %.
Schulkinder mehr als 20 %.
Kleinkinder mehr als 15 %.

18.2.10 Unterkühlung

Zur Lebenserhaltung zieht sich das Blut in die inneren Körperregionen zurück. Dadurch entsteht Sauerstoffmangel für das Gehirn. Die beginnende Hirnschädigung löst ein Herzflimmern aus, das die Sterbephase einleitet.

Tod durch Unterkühlung tritt nur ein bei Bewusstlosigkeit, starker Alkoholisierung oder Drogenkonsum **und** bei gleichzeitig fehlender oder nasser Kleidung. Schlafende werden durch Unterkühlung wach.

18.2.11 Strom (Kapitel 12.3.2)

Gefahren für Menschen im Umgang mit elektrischem Strom entstehen nur, wenn Fehlerstrom (Isolationsfehler) oder eine Berührungsspannung auftreten, die vom menschlichen **Körperwiderstand** nicht mehr absorbiert werden können.

Die Größe und Art der elektrischen Spannung, der Übergangswiderstand und der Körperwiderstand des Menschen beeinflussen die Stärke des elektrischen Stromes, der durch den menschlichen Körper fließen kann. Je nach Stärke hat das keinerlei Folgen oder erhebliche Auswirkungen. Diese reichen von Nervenlähmung, über Muskellähmung, Störung des Herzrhythmus bis hin zur Zersetzung der Körperflüssigkeit und des Blutes.

Entscheidend dabei ist der menschliche Körperwiderstand. Er ist bei jedem verschieden und hängt vom Körperbau, von der Hornhaut und von der eigenen Herzfrequenz ab. Ganz entscheidend ist die **Hautfeuchtigkeit,** die die Leitfähigkeit beeinflusst. Je feuchter die Haut, desto besser ist die Leitfähigkeit.

Ein weiterer Faktor ist die **Kleidung**, die in trockenem Zustand den Widerstand erhöht und in nassem Zustand diesen erheblich verringert und so besser leitet.

Schutzmaßnahmen:

Um Menschen im Umgang mit Strom zu schützen, werden verschiedene Schutzmaßnahmen angewendet:

a) **Schutzkleinspannung**, ist so niedrig angelegt, dass sie dem Menschen nicht gefährlich werden kann (Bis 50 Volt Wechselstrom oder bis 120 Volt Gleichstrom).

b) **Schutzisolierungen** über alle Leitungs- und Geräteteile.

c) **Schutzleiter** (Erde) werden an stromleitenden Geräteteilen angebracht. Sie schalten bei einem Fehlerstrom über die Sicherungen des Strom aus.

d) Schutz durch **nichtleitende Räume**, sodass der Mensch auf isolierendem Fußboden steht. Dieses Prinzip wird auch bei Arbeiten an stromführenden Fahrleitungen für Schienenbahnen angewendet. Hier ist der gesamte Montagewagen isoliert.

e) Einbau von besonderen **FI-Schutzschaltern** (F = Fehlerstrom; I = Stromstärke). Der FI-Schutzschalter kontrolliert über einen Summenstromwandler den zur Erde abfließenden Fehlerstrom durch Vergleich der Magnetfelder. Im Normalfall ist die Summe der Ströme, die zu den elektrischen Betriebsmitteln fließen, gleich der Summe der zurückfließenden Ströme, sodass sich deren Magnetfelder im Summenstromwandler aufheben. Bei einem Fehler fließt ein Teil über die Schadstelle direkt in die Erde und nur ein Teil des Stromes kommt zum Schalter zurück – ein Differenzmagnetfeld entsteht. Dies löst den Schutzschalter aus. Der Vorgang läuft so schnell ab, dass bereits bei einem Fehler von 0,03 mA (Milliampere) der Strom abgeschaltet wird und er somit dem Menschen nicht mehr gefährlich werden kann. Fällt z.B. ein Fön in eine Badewanne oder wird beim Rasenmähen das Kabel durchtrennt, ist der Strom abgeschaltet, bevor den Menschen die gesamte Stromstärke trifft.

Erst Manipulationen an den Sicherungen, Leitungen und Geräten sind die Ursache von schädigenden Stromschlägen.

Im Rahmen der Spurensuche sind sofort der Sicherungskasten, die elektrischen Geräte und die entsprechenden Leitungen zu prüfen. Ein **Sachverständiger** ist in Absprache mit der Staatsanwaltschaft hinzuzuziehen.

Zur Spurensicherung sind Lichtbilder zu fertigen sowie die Sicherungen, die Schalterstellungen und Leitungen genau zu beschreiben. Elektrische Geräte sind im Original zu sichern.

18.2.12 Blitz (Kapitel 12.3.3)

Beim Tod durch Blitzschlag kann es zur schlagartigen Verkohlung des Körpers oder auch zu einem Stromtod kommen, bei dem keine äußerlichen Merkmale erkennbar sind. Das hängt von der Nähe des Blitzeinschlages ab.

Die Verkohlung tritt bei direktem Blitzschlag ein.

Trifft der Blitz das Erdreich in der Nähe des Menschen, kann der Strom über die Füße in den Körper dringen. Die Stromstärke hängt von der Entfernung der Einschlagstelle ab.

Besonders gute Stromleiter und damit für den Menschen gefährlich sind Stahlseile, Handläufe, Weidezäune pp.

Wirksamer Schutz vor Tod durch Blitzschlag bieten Kfz aus Metall, die auch bei direktem Einschlag die Insassen schützen, weil durch das Prinzip des „Faraday-Käfigs" kein elektrisches Feld eindringen kann. Schutz vor Blitzeinschlag in der Nähe kann auch eine hockende Stellung sein, bei der die Arme fest um die Unterschenkel geschlossen werden. Jegliches Anlehnen an Felsen, Gebäude oder Bäume vergrößert die Gefahr des Todes.

18.2.13 Schuss (Kapitel 10)

Schmauchspuren sind ein wesentliches Indiz (Kapitel 1.3) für die Abgabe eines Schusses. Sie entstehen beim Abfeuern der Munition und bestehen aus verbranntem Pulver, aus Resten vom unverbranntem Pulver und aus Schmutzteilchen. Diese Spuren schlagen sich auf der Schusshand und am Ärmel der Schusshand nieder und sind ein Hinweis auf den Schützen. Zur Spurensicherung siehe Kapitel 10.3.5.

Ferner schlagen die Schmauchspuren auch auf dem Trefferfeld nieder, das **Niederschlagshof** genannt wird. Dabei wird der Niederschlagshof um so größer, je weiter des Trefferfeld vom Schützen entfernt ist. Aus der Größe des Niederschlagshofes kann die **Schussentfernung** bestimmt werden. Zur Spurensicherung siehe Kapitel 10.3.6.

Eine **Stanzmarke** deutet auf einen aufgesetzten Schuss hin. Diese Marke entsteht bei aufgesetzten Kopf- oder Körperschüssen. Der beim Schuss austretende Pulverschmauch tritt zwischen Schädelknochen bzw. Muskeln und Haut und presst Letztere gegen die Laufmündung. Bei einem solchen Schuss stellt sich immer die kriminalistische Frage nach **Selbsttötung** oder **Fremdtötung**. Insofern ist eine sorgfältige Spurensuche an der Schusshand, am Ärmel der Schusshand und an der Waffe notwendig (Kapitel 10.3.1 und 10.3.5).

Der **Kontusionsring** zeigt sich als bräunlicher „Verbrennungsring" am Einschuss. Er entsteht durch die Reibungsverbrennung, die das Geschoss beim Durchdringen der Haut erzeugt.

18.2.14 Gift (Kapitel 9)

Gift lässt sich nicht abschließend definieren. Bereits der berühmte Arzt *Philippus Paracelsus* (1493–1541) definierte es mit „Menge und Konzentration". Die humanmedizinische Einteilung der Gifte erfolgt nach den **Organen**, die sie angreifen. Dies führt aus kriminalistischer Sicht zu einer unübersehbaren Kombination.

Die Einteilung nach den **Symptomen** ist auch nicht befriedigend, weil diese nicht allein von dem Gift ausgelöst werden, sondern auch von Krankheiten, Genussmitteln oder Umwelteinflüssen, sodass sie atypisch sein können.

Ebenso schwierig ist die Identifizierung nach dem **Geruch**. Selbst der so typische Bittermandelgeruch von Zyankali (Kaliumsalz der Blausäure) ist aufgrund genetischer Konstellation nicht von allen Menschen wahrnehmbar (Kriminalistik, 7/1995, a.a.O. S. 564).

Für den Kriminalisten ist es wichtig, eine Verdachtsstrategie entwickeln zu können. Deshalb muss er die **Wirkungsweise** von Giften kennen. Unter diesem Gesichtspunkt werden sie in vier Gruppen unterschieden:

a) Der lebensnotwendige Sauerstoff wird verdrängt, z.B. Kohlendioxid in Brunnen, Silos, pp. Der Stoff ist eigentlich nicht giftig.
b) Der lebensnotwendige Sauerstoff wird blockiert, z.B. Kohlenmonoxid, das durch unvollständige Verbrennung bei Kraftfahrzeugen, Gasgeräten, Kohle- oder Ölöfen, pp. entsteht. Der Stoff ist eigentlich nicht giftig.
c) Die biochemischen Vorgänge in den Körperzellen werden blockiert, z.B. durch Nikotin oder Blausäure.
d) Zerstörung der Organe und/oder Nerven, z.B. durch Alkohol, Arsen, Quecksilber, pp.

Die unter c) und d) aufgeführten Substanzen sind im Eigentlichen giftig.

18.3 Identifizierung
Als Maßnahmen zur Identifizierung von unbekannten Toten kommen in Betracht:
- Alters- und Geschlechtsbestimmung.
- Fingerabdrücke, Kapitel 4.1.1.
- Haarproben, Kapitel 6.2.
- Gebissbefund, Kapitel 6.7.
- Leichenbeschreibung.
- Tätowierungen (*Knecht,* a.a.O. S. 371).
- Lichtbilder, Kopf- und Ganzaufnahmen.
- Röntgenbilder, alte Knochenbrüche, Operationsnarben.
- Blutformelbestimmung, Kapitel 6.1.
- DNA-Analyse
- Leichenöffnung, § 87 StPO.
- Schädel- und Kieferpräparation.
- Kleiderkarte.
- Vergleich mit Vermisstenfällen.
- Öffentlichkeitsfahndung.
- Anerkennungszeugen.
- Isotopen-Analyse, Kapitel 6.6.

18.4 Todeszeitbestimmung

Die Todeszeitbestimmung ist häufig eine wesentliche Feststellung für den genauen Tatzeitpunkt, die somit zum Mittelpunkt einer späteren Gerichtsverhandlung werden kann. So z.B. bei der **Alibiüberprüfung** oder der Frage der **Schuldform** und **-fähigkeit** nach Alkohol-, Drogen- oder Tablettenkonsum.

Die Bestimmung der Todeszeit erfolgt mit verschiedenen Methoden. Sie kann aus der Temperaturdifferenz zwischen Leiche und der sie umgebenden Luft errechnet, aus dem Verdauungszustand des Mageninhaltes, aus den frühen Leichenerscheinungen (Totenflecken und Totenstarre) oder aus der Zersetzung der Leiche geschlossen werden.

18.4.1 Abkühlung / Temperaturmessung

Nur bei kurz zurückliegendem Todeseintritt besteht zwischen der Temperatur der Leiche und der sie umgebenden Luft eine Differenz, die fortschreitend abnimmt. Aus der Geschwindigkeit des Absinkens der **Leichentemperatur** kann der Rechtsmediziner den Todeszeitpunkt mit ziemlicher Genauigkeit errechnen.

Voraussetzung hierzu ist, dass bei der Leiche rektal und in der Umgebungsluft in viertelstündigem Abstand die Temperaturen gemessen werden. Dabei ist auch die genaue Angabe der aktuellen Uhrzeit der Messungen von Bedeutung.

Der Leichensachbearbeiter muss deshalb sofort prüfen, ob die Leichentemperatur und die der Umgebungsluft gleich sind. In diesem Fall erübrigen sich weitere Messungen.

18.4.2 Verdauungszustand

Der Verdauungszustand des Mageninhaltes lässt eine grobe Todeszeitbestimmung zu. Die Untersuchung des Mageninhaltes erfolgt bei der Obduktion, § 87 StPO.

Die Feststellung kann jedoch nur mit einiger Ungenauigkeit erfolgen, weil einerseits der Verdauungsprozess nicht immer gleichförmig abläuft und andererseits der Zeitpunkt der Nahrungsaufnahme genau feststehen oder ermittelt werden muss.

18.4.3 Totenflecken

Nach dem Kreislaufstillstand senkt sich das Blut durch die Zellwände, der Schwerkraft folgend, in die unteren Körperpartien. Dadurch entsteht ein Erblassen der Haut in den höher gelegen und eine Blutfülle, die Totenflecken, in den unteren Körperteilen. An den aufliegenden Stellen entstehen keine Totenflecken. Liegt eine Leiche in der Rückenlage, so bildet sich ein Muster aus, das einem Schmetterling ähnlich ist.

Sichere Regeln über den Beginn der Totenflecken, das Zusammenfließen, die vollständige Ausbildung, die Möglichkeit des Wegdrückens, die Ausbildung bei Verlagerung der Leiche und über die Färbung gibt es nicht. Der Umstand des Todes, vorherige Medikamenteneinnahme, Umgebungstemperatur und Bekleidung haben hierauf erheblichen Einfluss. Gleichwohl sollen die Flecken in Ausmaß und Färbung genau beschrieben und mit Fingerdruck festgestellt werden, ob sie sich wegdrücken lassen.

Als **grobe Regel** kann angenommen werden, dass sich die Totenflecken nach ca. 30 Minuten bis zwei Stunden nach dem Tod ausbilden. Sie lassen sich noch etwa 15 Stunden nach dem Tod wegdrücken und dürften nach 20 Stunden voll ausgebildet sein. Bis zu sechs Stunden nach dem Tod können sich die Leichenflecken bei einer Verlagerung völlig neu bilden.

Die Totenflecken sind sichere Todesanzeichen. Für die Todeszeit und die Verlagerung der Leiche geben sie jedoch nur grobe Anhaltspunkte.

18.4.4 Totenstarre

Die Totenstarre wird durch einen komplizierten biochemischen Vorgang im Muskelgewebe nach Eintritt des Todes ausgelöst.

Sie ist zunächst von der „**Kältestarre**", die durch sehr kühle Lagerung entsteht, und von der „**Fettstarre**", die die Folge von starker Unterhautfettbildung bei Säuglingen oder Kleinkindern ist, zu unterscheiden.

Die Totenstarre beginnt in der Kiefermuskulatur, geht über Hals, Nacken und Rumpf auf Beine und Arme über. Sie tritt meist nach zwei bis drei Stunden auf und ist nach sechs bis acht Stunden voll ausgeprägt. Die gebrochene Totenstarre bildet sich in abgeschwächter Form neu.

Nach ein bis drei Tagen löst sich die Totenstarre in der Reihenfolge der Ausbildung, da durch die **Autolyse** die Leichenauflösung beginnt.

Alle Zeiten variieren sehr stark, da die biochemischen Reaktionen von Medikamenteneinnahme und von der Umgebungstemperatur stark beeinflusst werden.

Die Totenstarre gibt einen sicheren Hinweis auf den Tod, aber nur unsichere Anhaltspunkte für den Todeseintritt und für eine Verlagerung der Leiche.

18.4.5 Insektenbefall

Eine Möglichkeit, einen schon länger zurückliegenden Todeszeitpunkt einzugrenzen, ergibt sich durch die Begutachtung des Insektenbefalls. Dazu ist jedoch ein **Entomologe** (Insektenforscher, Kapitel 1.4.1) erforderlich.

Der Leichnam unterliegt den gleichen Zersetzungserscheinungen wie Aas oder Kadaver und dient der Fortpflanzung von Insekten in gleicher Weise.

Von den rund 850 000 Insektenarten gibt es ca. 45 000 Fliegenarten. Fliegen vertilgen besonders intensiv zerfallende organische Substanzen, so auch Leichname, und vermehren sich durch Metamorphose (Umwandlung), das heißt, vom Ei entwickelt sich eine Larve oder Made und daraus die Fliege. Die Eiablage erfolgt, je nach Fliegenart, unmittelbar nach Eintritt des Todes bis zur Auflösung des Körpers, somit können an der Art der Larve und nach deren Entwicklungsstadium die Eiablage und damit der Todeszeitpunkt ermittelt werden.

Die Spurensicherung und Begutachtung des zerfallenen Leichnams sollte vom Entomologen vor Ort erfolgen. Dabei kann er auch die erforderlichen Larven sichern.

Ist das nicht möglich, so sollten von verschiedenen Stellen des Leichnams jeweils mindestens fünf Larven in **Gläsern mit Äthanol** gesichert werden und umgehend dem Untersuchungslabor überbracht werden. Zur Not kann auch Brennspiritus oder Schnaps verwendet werden (*Bennecke,* a.a.O. S. 680 und *Wyss* u.a., a.a.O. S. 485).

18.4.6 Elektrische Reizung der Muskulatur

Bei einer Umgebungstemperatur zwischen 10° und 25° C kann aus der elektrischen Leitfähigkeit der Muskeln der kurz zurückliegende Todeszeitpunkt festgestellt werden. Diese Methode ist noch nicht allgemein verbreitet und kann nur von einem Rechtsmediziner mit entsprechender Apparatur angewendet werden (*Krause* u.a., a.a.O. Seite 129).

18.5 Anhaftungen

An der Haut der Leiche können sich unter anderem Blut, Faserspuren und/oder Sekretspuren befinden. Deren Sicherung kann die jeweils andere Spur vernichten (Kapitel 3.9). Insofern ist zunächst mit einem Sachverständigen zu erörtern, welche Spur den größeren Beweiswert hat.

Blutspuren werden mit Filterpapier, das mit destilliertem Wasser angefeuchtet ist, aufgenommen und an der Luft getrocknet. Das Papier wird in einem Papierbriefumschlag gesichert. Die Sicherung kann auch mit Hilfe einer Bakteriette erfolgen (Kapitel 6.1.4).

Sekretspuren können als Spermaspuren, durch Bis oder Kuss als Speichelspuren, durch das Forttragen der Leiche an Fuß- und Handgelenken oder beim Würgen am Hals als Schweißspuren auftreten. Über die in den Schweißspuren enthaltenen Epithelzellen können die Blutgruppe und die DNA festgestellt werden (*Schleyer / Oepen / Henke,* a.a.O. S. 256). Die Spurensicherung erfolgt mit Filterpapier, das mit destilliertem Wasser angefeuchtet ist. Das Papier wird an der Luft getrocknet und in einen Papierbriefumschlag gegeben (Kapitel 6.3).

Faserspuren oder andere **Materialspuren** im Mikrobereich werden mit Klebefolie (Kapitel 3.5.5) gesichert. Dabei wird die gesamte Leiche mit Klebefolie beklebt, siehe Abb. 15. Die Klebestreifen werden vor dem Abnehmen nummeriert und anschließend auf durchsichtige Folie geklebt.

18.6 Suche in Hohlräumen

Die Suche nach einbetonierten Leichen oder im Erdreich vergrabenen Depots aus Kunststoff kann mit geophysikalischen Untersuchungsmethoden erfolgen (Kapitel 1.7). (BKA-Informationen zur Tatortarbeit, Informationsblatt des Bundes und der Länder, Juli 1996, Ausgabe 5, S. 1).

19 Fangmittel

Unter Fangmittel werden optische, elektronische / elektrische, mechanische und chemische Verfahren zusammengefasst, mit denen ein Straftäter überführt werden soll, ohne dass während der eigentlichen Tat ein Zeuge vorhanden ist.

Das Fangmittel soll entweder die Tat dokumentieren, die Tat signalisieren und/oder die Tat im Nachhinein beweisbar machen. Dabei können die Fangmittel sofort reagieren oder mit Zeitverzögerung.

Kriminalistisches Ziel soll es sein, mit chemischen und/oder technischen Mitteln den Nachweis zu erbringen über:
– Berührungsvorgänge zwischen dem Täter und dem Tatobjekt,
– unbefugtes Betreten von Räumen,
– unbefugtes Öffnen von Behältnissen oder Türen oder
– die Gegenstandsidentität.

Der Einsatz von Fangmitteln darf nicht zu gesundheitlichen Beeinträchtigungen führen, die zur kriminalpolitischen Bedeutung des Deliktes außer Verhältnis stehen.

Da Fangmittel nur solange effektiv sind, wie sie der Täter nicht kennt, werden hier nur die allgemeinen Anwendungsmöglichkeiten behandelt. Gar nicht behandelt werden Fangmittel, die bei der Bekämpfung von Organisierter Kriminalität und von Kapitaldelikten eingesetzt werden können (Kapitel 1.7).

19.1 Optische Fangmittel

Dies sind Fotoapparate und Videogeräte, die mit den verschiedensten Auslösemöglichkeiten, mit extrem großen Brennweiten oder mit extrem kleinen Objektiven ausgestattet sind. Allgemein finden solche Geräte in Geldinstituten, Tankstellen und Kaufhäusern Verwendung.

Sind die Geräte mit Endlosaufnahmebändern ausgestattet, löschen sie beim erneuten Durchlauf die vorherigen Aufnahmen. Besteht die Vermutung, dass ein krimineller Sachverhalt aufgezeichnet ist, soll das Gerät sofort abgeschaltet werden.

19.2 Elektrische / Elektronische Fangmittel

Elektronische Systeme bestehen aus einem Kontrollgerät mit Sensor und aus einem Impulsteil. Das Kontrollgerät wird an der zu kontrollierenden Stelle aufgebaut und überprüft alle Gegenstände, die dieses passieren. Das funktioniert wie bei einem Detektor (Kapitel 3.5.7). Wird ein Gegenstand (z.B. Schlüsselbund) mit einer bestimmten Eigenschaft vorbeigetragen, wird dies akustisch und/oder optisch angezeigt. Verfügt der zu schützende Gegenstand nicht über die erforderliche Eigenschaft (z.B. Kleidung), wird daran ein Sicherheitsetikett befestigt, das die erforderlichen Eigenschaften hat. Die Sicherheitsetiketten können funktionslos gemacht werden, indem der Gegenstand in besondere Behältnisse verpackt wird (Kapitel 1.7).

Allgemein finden solche Geräte bei der Flugpassagierkontrolle und in Kaufhäusern Verwendung.

Als elektronische Systeme gelten auch **Bewegungsmelder**, die mit Ultraschall, UV-Licht oder Thermosensor ausgestattet sind. Allgemein findet man diese Geräte bei der Außenlichtschaltung oder bei Gebäudealarmanlagen.

Elektrische Geräte arbeiten mit dem Ruhestromprinzip. Die zu schützenden Gegenstände werden von einem elektrischen Kabel gesichert (wie ein Ringschloss), das an einem Signalgerät einen Stromkreis schließt. Sobald das Kabel durchtrennt wird, löst dies den Alarm aus. Nach dem gleichen Prinzip arbeiten Lichtschranken.

Im Kleinformat arbeiten Alarmgeräte nach dem Arbeitsstromprinzip und sind mit einem Reißkontakt ausgestattet. So könnte eine Handtasche mit einem Alarmgerät ausgestattet und der Reißkontakt, ein Bindfaden, an der Kleidung befestigt werden. Wird die Handtasche entrissen, „reißt" der Bindfaden einen Isolierstreifen aus dem elektrischen Schalter, damit der Alarm erklingt.

19.3 Mechanische Fangmittel

Mechanische Fangmittel sind vor allem Gravuren oder Prägezeichen, die Gegenstände individuell markieren sollen. Dazu zählen aber auch Stolperdrähte oder Wildfallen.

Mit Klebstofffäden über Türen, Schubladen oder Klappen kann festgestellt werden, ob diese geöffnet wurden, da die ausgetrockneten Fäden reißen oder brechen.

19.4 Chemische Fangmittel

Chemische Fangmittel können als Materialspur dem Gegenstand beigefügt werden, z.B. bei Brenn- und Kraftstoffen, um die Steuerabgabe zu sichern.

Chemische Mittel können auch als Signalstoffe verwendet werden, die bei der Tatausführung dem Täter entgegengeschleudert werden, woran er zu erkennen ist. Hier können verschiedene Stoffe eingesetzt werden, solche, die sofort nachweisbar sind oder fluoreszierend oder solche, die erst mit einem anderen chemischen Mittel zur Reaktion gebracht werden müssen.

Ein Teil der Mittel lässt sich mit herkömmlichen Chemikalien leicht entfernen. Deshalb ist es geboten, vorher festzustellen, ob bei dem mutmaßlichen Täterkreis solche Mittel beruflich verwendet werden. In diesen Fällen ist von chemischen Fangmitteln abzusehen.

19.5 Kombinierte Fangmittel

Die meisten Fangmittel lassen sich kombiniert einsetzen, sodass es verschiedene Möglichkeit der Täterermittlung gibt.

19.6 Diebesfallen

Im täglichen Dienst werden Fangmittel am häufigsten bei Seriendiebstählen in Betrieben, Ämtern, Schwimmbädern, Saunen, Krankenhäusern, Pflegeheimen, Jugendheimen, Schulen oder ähnlichen Einrichtungen eingesetzt.

Um Fangmittel anzuwenden, müssen folgende kriminaltaktische Voraussetzungen erfüllt sein:
– Die Straftat darf nicht als Einzeltat angesehen werden. Mit einer Tatwiederholung im selben Objekt wird in kürzerer Folge gerechnet.
– Nur bestimmte Personen haben legalen Zugang zum Diebesobjekt und können nach der Tatausführung überprüft werden.
– Das Fangmittel muss unter **strenger Verschwiegenheit** ausgebracht werden. Alle ins Vertrauen gezogenen Personen sind schriftlich zu belehren (Verpflichtungsgesetz und § 353 b II 2. StGB).

Dabei ist zu bedenken, dass bereits das Erscheinen der Kriminalpolizei am Tatort für Interesse sorgt. Deshalb sollten Besuche möglichst außerhalb der Geschäftszeit und möglichst allein mit der Geschäftsleitung erfolgen.

20 Anlagen

20.1 Tatortbefundbericht

Der Tatortbefundbericht dokumentiert die Spurensuche, die Spurensicherung und die Ermittlungen. Die Verpflichtung zur Schriftform ergibt sich aus den §§ 168 b I, 163, 158 StPO.

Der Umfang eines Tatortbefundberichtes richtet sich nach der kriminalpolitischen Bedeutung des Deliktes (Kapitel 1.6). Das Schema sollte jedoch stets eingehalten, auch wenn nicht alle Punkte behandelt werden, da es der Selbstkontrolle dient.

Schema Tatortbefundbericht:

1 Allgemeines

1.1 Eingang der Meldung.

1.2 Benachrichtigungen.

1.3 Eingesetzte Kräfte, Führungs- und Einsatzmittel.

1.4 Eintreffen am Tatort.

1.5 Angetroffene Personen.

1.6 Witterungs- und Lichtverhältnisse.

2 Objektiver Tatortbefund

2.1 Beginn und Ende der Tatortbefundaufnahme.

2.2 Tatort im weiteren und engeren Sinn.

2.3 Tatobjekt / Opfer.

2.4 Beschreibung der Spuren.

2.5 Spurensicherungsbericht. (Kann als Anlage beigefügt werden.)

3 Subjektiver Tatortbefund

3.1 Aussagen vom Opfer und/oder von Tatzeugen.

3.2 Aussagen der am Tatort angetroffenen Personen.

3.3 Reaktionen und/oder Verhaltensweisen von Personen.

3.4 Vorgenommene Veränderungen.

4 Kriminalistische Schlussfolgerungen

Keine rechtliche Wertung, sondern Bewertung aller bis zu diesem Zeitpunkt gemachten Feststellungen aus dem objektiven und subjektiven Tatortbefund.

Hypothese über Tatablauf, Täter, Opfer, Beweise.

5 Abschließende Maßnahmen

5.1 Beschlagnahme oder Freigabe des Tatortes.

5.2 Beschlagnahme von Beweismitteln.

5.3 Festnahmen.

5.4 Fahndungsmaßnahmen.

5.5 Sonstiges.

Beispiel:
Behörde
Dienststelle   Ort, Datum, Uhrzeit

Tatortbefundbericht

Betr.: Einbruchsdiebstahl in Kiosk,
45665 Recklinghausen, Rheinstraße 25,
In der Nacht zum Freitag, den 10.1.1997
zum Nachteil Anna Schulze.

1 Allgemeines

1.1 Am Freitag, 10.1.2004, gegen 09.35 Uhr, teilte die Kioskbesitzerin
Anna Schulze geb. Meier, geb. 29.2.1941 in Köln,
Rheinstraße 25,
45665 Recklinghausen,
Telefon 49021,

telefonisch über Notruf der Polizei mit, dass in ihren Kiosk, Anschrift wie vor, eingebrochen wurde.

1.2 Mit dem Dienst-Kfz begab ich mich allein zum Tatort und traf dort gegen 10.00 Uhr die allein anwesende Geschädigte an.

1.3 In der vergangenen Nacht herrschte Frost von ca. −5 °C. Es war bewölkt, diesig und zeitweise nebelig. Seit ca. zwei Wochen liegen etwa fünf Zentimeter Schnee, der auf den Verkehrsflächen geräumt ist. Während der Tatortbefundaufnahme schien die Sonne, die Temperatur lag um den Gefrierpunkt.

2 Objektiver Tatortbefund

2.1 Die Tatortbefundaufnahme dauerte von 10.00 Uhr bis 11.15 Uhr.

2.2 Der Kiosk liegt im Stadtteil „König-Ludwig", einem Wohnviertel mit hohem Anteil an Arbeitern. Es handelt sich vorwiegend um dreigeschossige Wohnhäuser mit Gärten und Stallungen. Das Grundstück Nr. 25 ist nicht mit einem Wohnhaus bebaut. Im vorderen Teil steht der Kiosk, fünf Meter von der Straße entfernt, und ist von allen Seiten frei zugänglich. Um den Kiosk sind Gehwegplatten verlegt. Der Schnee ist weiträumig geräumt. Im hinteren Teil des Grundstücks ist ein Nutzgarten mit Obstbäumen und Kaninchenställen angelegt.

Die Geschädigte ist Pächterin des Kiosks und wohnt neben dem Kiosk im Haus Nr. 21, zweite Etage. Aus Gewohnheit gibt sie als Wohnadresse den Kiosk an. Dort ist sie auch postalisch und telefonisch zu erreichen.

2.3 Der Kiosk ist ein fünf mal fünf Meter großes Steingebäude im Bungalowstil mit Flachdach. An der Vorderseite ist auf der linken Seite eine Eingangstür und rechts ein Fenster mit Verkaufsschalter. An der Rückseite befindet sich ein Fenster. Die Tür ist mit einem Sicherheitsschloss ausgestattet und besteht aus massivem Holz. Die Fenster sind aus weißem Kunststoff, haben Isolierglas und Schlösser in den Verriegelungsgriffen.

Der Innenbereich ist der Länge nach durch eine Verkaufstheke geteilt. Darauf steht im hinteren Teil eine mechanische Kasse. Rechts, hinter dem Verkaufsschalter, befinden sich die Warenregale. Links ist ein kleiner Aufenthaltsteil mit einem Stehtisch, in dem Kunden Flaschengetränke verzehren können.

2.4 Spuren

2.4.1 An der Rückseite befindet sich ein 80 x 80 cm großes Fenster. Die Fensterbank ist 120 cm, die Fensterunterkante 130 cm vom Boden entfernt.

Auf den Gehwegplatten vor dem Fenster sind keine Schuhspuren zu erkennen.

Die Doppelglasscheibe ist zerstört, an der linken Seite, neben dem Fenstergriff, ist ein ca. 20 cm großes Loch. Die Glasscherben liegen im Kiosk. Der Fensterriegel ist offen, das Schloss ist nicht eingerastet, das Fenster lässt sich aufstoßen.

Im Fensterrahmen an der linken Seite stecken Splitter von der äußeren und von der inneren Scheibe. An dem Splitter der inneren Scheibe ist eine eineurostückgroße, dunkelrote, eingetrocknete Substanz vorhanden, die Blut ähnlich sieht. Auf diesen Glassplitter wird zu Orientierung an der Innenseite ein Stück Pflaster geklebt. Mit einer Werkzeugzange wird der Glassplitter hergezogen und in einen Papierbriefumschlag verpackt (**Spur Nr. 1**).

2.4.2 Auf der inneren Fensterbank (18 cm breit) des rückwärtigen Fensters ist mit dem bloßen Auge ein Teil eines Schuhabdrucks sichtbar. Die Schuhspitze zeigt nach außen. Der Absatzabdruck fehlt.

Diese Abdruckspur wurde mit Klebefolie gesichert und auf einen weißen Karton geklebt (**Spur Nr. 2**). Der nachträglich aufgebrachte Pfeil zeigt nach außen.

2.4.3 Die aus Blech bestehende Kassenlade ist mit einem zehn Millimeter breiten Hebelwerkzeug aufgebrochen worden. Auch mit der Lupe lassen sich daran keine individuellen Abrücke oder Riefen erkennen. Der Verriegelungsmechanismus ist so schwach ausgelegt, dass er mit geringer Kraftanstrengung überwunden werden konnte.

2.4.4 Auf der 28 Millimeter breiten Vorderkante der Kassenlade sind Fingerabdrücke als Griffspur erkennbar, die mit dem Kontrastmittel „Argentorat" sichtbar gemacht, mit Klebefolie gesichert und auf eine Spurenkarte geklebt wurde (**Spur Nr. 3**). Der nachträglich aufgebrachte Pfeil zeigt in Richtung Kasseninneres.

Die Geschädigte gibt an, dass sie die Kasse allein betätigt. Auf Aufforderung legt sie auf der gereinigten Glasfläche der Theke eine Griffspur ihrer beiden Hände, die als **Vergleichsspur** gesichert und beigefügt sind.

3 Subjektiver Tatortbefund

3.1 Die Geschädigte gibt an, dass sie am gestrigen Abend normale Kundschaft hatte, die ihr auch seit längerer Zeit bekannt ist. Wie gewöhnlich habe sie um 22.00 Uhr den Verkauf beendet, den Kiosk geschlossen und sei in ihre Wohnung gegangen.

Da seit längerer Zeit das Schloss am Griff des hinteren Fensters defekt sei, habe sie das auch nicht verschließen können. Auf Nachfrage vermutet sie, dass das Schloss schon sechs bis acht Wochen defekt sei. Dies wissen auch alle Kunden.

Als sie heute Morgen, wie üblich, gegen 09.30 Uhr, den Kiosk aufschloss, sah sie das zerstörte Fenster und habe sofort die Polizei angerufen und gemäß den Anweisungen nichts verändert und nichts angefasst.

In der Kasse habe sie lediglich für etwa 10,– € Wechselgeld zurückgelassen. Ansonsten dürften einige Flaschen Bier, ein Karton mit Portionsfläschchen „Feigling" und der gesamte Vorrat an Zigaretten fehlen. Eine genaue Aufstellung will sie im Laufe des Tages nachreichen.

Einen Tatverdacht hat die Geschädigte nicht.

Gegen Einbruchsdiebstahl besteht Versicherungsschutz.

3.2 Die Bewohner der Nachbarhäuser wurden befragt, die einen Fensterdurchblick zum Kiosk haben.

Der Rentner Franz-Xaver Schulze, 79 Jahre alt, Rheinstraße 27, Telefon 34526, hat gegen 03.00 Uhr ein klirrendes Geräusch gehört, das wie ein leichter Verkehrsunfall klang. Da er nicht gut zu Fuß ist, sei er nicht aufgestanden und habe der Sache auch keine besondere Bedeutung beigemessen.

Auf Nachfrage glaubt er, dass kurz nach dem Klirren ein Auto mit hoher Geschwindigkeit weggefahren sei.

Herr Schulze machte einen geistig sehr regen Eindruck. Die Unterhaltung fand in normaler Lautstärke statt.

Von den übrigen Bewohnern konnte niemand sachdienliche Hinweise geben.

4 Schlussfolgerungen

Der oder die Täter haben an der Rückseite des Kiosks die Scheibe eingeschlagen und das Fenster entriegelt. Dabei hat sich eine Person verletzt. Im Innenraum wurde die Kasse aufgehebelt und das Wechselgeld mitgenommen. Darüber hinaus wurden Bier, Spirituosen und Zigaretten entwendet. Durch das Einstiegsfenster ist der Tatort wieder verlassen worden. Möglicherweise transportierten die Täter das Diebesgut mit einem Kraftfahrzeug ab. Die Tat könnte sich gegen 03.00 Uhr ereignet haben.

5. Abschließende Maßnahmen

5.1 Der Tatort wurde freigegeben.

5.2 Die Beweismittel (Spuren Nr. 1 – 3) sind der Anzeige beigefügt.

5.3 Die Geschädigte will eine Belohnung von 200,– € für sachdienliche Hinweise aussetzen und das Regionalradio bitten, die Auslobung zu veröffentlichen.

Unterschrift, Name, Dienstgrad

20.2 Spurensicherungsbericht

Beispiel:
Behörde
Dienststelle   Ort, Datum, Uhrzeit

Spurensicherungsbericht

Betr.: Tötung am 10.1.2004 in Recklinghausen, zum Nachteil Franz Meyer
        Hier: Spur Nr. 7 (Geschoss in der Wand)
Bezug: 1. Tatortbefundbericht vom 10.1.2004, Ziffer 2.5
        2. Lichtbildmappe, Seiten 10 und 11
Anlage: 1

1. Die Spurensicherung wurde am Freitag, 10.1.2004, von 19.00 Uhr bis 20.30 Uhr durchgeführt. Der sich im fachpraktischen Studium befindliche Kommissaranwärter Müller hat daran teilgenommen.
   Alle Arbeitsschritte sind fotografiert und befinden sich in der Lichtbildmappe.
   Bei der Spurensicherung wurden Silicon-Handschuhe getragen, die anschließend „auf links gezogen" und in eine Plastiktüte verpackt wurden (Spur Nr. 7.1).

2. Das Geschoss befindet sich in der Wohnzimmerwand (zum Flur), 120 cm vom Fußboden und 57 cm links neben dem Türrahmen.
   Das Geschoss hat die Tapete durchschlagen und steckt in dem Mauerputz. Der Geschossboden ist 6 mm tief eingedrungen.
   Der Schusskanal verläuft leicht aufwärts und leicht nach links. Näheres dazu unten.

3. Mit einem Skalpell wird um den Einschuss ein Quadrat von etwa 40 cm Seitenlänge in die Tapete geschnitten und auf der rechten oberen Ecke ein Pfeil aufgezeichnet, der nach oben zeigt.
   Die Tapete wird mit einer Pinzette und durch Hinterschneiden mit dem Skalpell vom Mauerwerk abgelöst und in eine Plastiktüte verpackt (Spur 7.2).

4. Mit dem Skalpell wird links neben dem Geschoss der Wandputz bis zum Mauerwerk abgekratzt und in eine Plastikdose verpackt (Spur Nr. 7.3).
   Die Putzdicke beträgt 20 mm.
   Das Geschoss liegt in der linken Hälfte frei, die Spitze berührt das Sandstein-Mauerwerk und ist leicht verformt.

5. Zur Feststellung der Schussrichtung werden die Winkel, bezogen auf die Wandsenkrechte, festgestellt. Dazu wird ein Kunststofftrinkhalm (Spur Nr. 7.4) parallel zum Geschoss gehalten und die Winkel mit einem „Schulwinkelmaß" gemessen.
   Dabei werden folgende Werte festgestellt:
   a) nach oben 5°,
   b) nach links 15°.
   Siehe Zeichnung in der Anlage.

6. Durch weiteres Herauskratzen wird das Geschoss freigelegt und mit einer mit Silicon beschichteten Pinzette angefasst und in eine Plastiktüte verpackt (Spur Nr. 7.5).
   Der dabei herausgekratzte Putz ist in eine Plastikdose verpackt (Spur Nr. 7.6).
   Das benutzte Skalpell wird in der Originalverpackung in eine Plastiktüte verpackt (Spur Nr. 7.7).

7. Alle Spuren wurden am 11.1.1997 an den Erkennungsdienst, KOK Sprung, übergeben.

Unterschrift, Name, Dienstgrad

20.3 Untersuchungsantrag

Beispiel:

Behörde									Ort, Datum
Dienststelle
An das
Landeskriminalamt
in ...

Betr.:	Untersuchungsantrag
Hier:	Tötung am 10.1.2004 in Recklinghausen, zum Nachteil Franz Meyer
Bezug:	Telefonische Absprache zwischen Herrn X, LKA, und Herrn Y von der hiesigen Behörde.
Anlagen:	20 Asservate
		5 Akten
		1 Personenkarte

1	In der Anlage werden folgende Untersuchungsgegenstände mit Kurier überbracht:

1.1	Spur Nr. 5:		Patronenhülse vom Fußboden des Wohnzimmers.
1.2	Spur Nr. 6:		Patronenhülse vom Fußboden des Wohnzimmers.
1.3	Spur Nr. 7.1:		Silicon-Handschuhe, die bei der Spurensicherung getragen wurden.
1.4	Spur Nr. 7.2:		Tapete aus dem Wohnzimmer mit Einschussloch.
1.5	Spur Nr. 7.3:		Wandputz neben dem Einschuss.
1.6	Spur Nr. 7.4:		Kunststofftrinkhalm, der zur Bestimmung der Flugbahn des Geschosses gebraucht wurde.
1.7	Spur Nr. 7.5:		Geschoss aus der Wand.
1.8	Spur Nr. 7.6:		Wandputz neben dem Einschuss.
1.9	Spur Nr. 7.7:		Skalpell, das bei der Spurensicherung benutzt wurde.
1.10	Spur Nr. 12.1:		Schlafanzug-Oberteil des Getöteten.
1.11	Spur Nr. 12.2:		Schlafanzug-Hose des Getöteten.
1.12	Spur Nr. 12.5:		Geschoss aus dem Körper des Getöteten.
1.13	Spur Nr. 24:		Pistole, Walther PPK, 9 mm, Nummer 123456, mit Achselholster.
1.14	Spur Nr. 24.1:		Magazin aus 1.13.
1.15	Spur Nr. 24.1.1:	fünf Patronen, 9 mm, aus Magazin 1.14.
1.16	Spur Nr. 24.2:		Patrone aus dem Patronenlager der Waffe 1.13.
1.17	Spur Nr. 25.1:		Jeansjacke des Tatverdächtigen.
1.18	Spur N5. 25.2:		Lederjacke des Tatverdächtigen.
1.19	Spur Nr. 26.1:		Schmauchspurenverteilung von der linken Hand des Tatverdächtigen.
1.20	Spur Nr. 26.2:		Schmauchspurenverteilung von der rechten Hand des Tatverdächtigen.

2 Sachverhalt

Am Freitag, den 10.1.2004, gegen 09.00 Uhr, wurde der Arzt Franz Meyer von der Putzfrau tot in seinem Haus aufgefunden. In der Brust hatte er einen Einschuss.

Nach vorläufigen Feststellungen wurden Teppiche, Bilder und der Inhalt eines Wandtresors entwendet.

Im Zuge der Ermittlungen konnte Klaus Schmitz als Tatverdächtiger festgenommen werden. Er trug eine Pistole, 1.13, in einem Achselholster unter dem linken Arm.

Zu den Spuren 1.1 – 1.9 siehe Tatortbefundbericht vom 11.1.1997, Anlage 1, und Spurensicherungsbericht vom 11.1.1997, Anlage 2.

Zu den Spuren 1.10 – 1.12 siehe Tatortbefundbericht vom 11.1.1997, Anlage 1, und Obduktionsbericht vom 12.1.1997, Anlage 3.

Zu den Spuren 1.13 – 1.20 siehe Festnahme-, Durchsuchungs- und Spurensicherungsbericht vom 10.1.1997, Anlage 4.

Die Personenkarte mit den Fingerabdrücken des tatverdächtigen Klaus Schmitz, geb. 12.5.1985, wird beigefügt.

3 Besondere Aussagen und Feststellungen

3.1 Der Tatverdächtige bestreitet die Tat und gibt an, die bei ihm sichergestellte Waffe am Nachmittag des 10.1.2004 gefunden zu haben, siehe Vernehmung vom 10.1.2004, Anlage 5.

3.2 Im Tatzimmer wurde ein Staub-Schuhabdruck gesichert, der dem Muster der beim Tatverdächtigen gefundenen Schuhe entspricht. Ein abschließendes Gutachten über die Identität liegt noch nicht vor.

4 Vorläufige Untersuchungsziele

4.1 Sind das im Körper, 1.12, des Getöteten und das in der Wohnzimmerwand, 1.7, steckende Geschoss aus der Waffe, 1.13, verfeuert worden?

4.2 Aus welcher Entfernung, 1.5 und 1.10, wurden die Geschosse abgefeuert?

4.3 Sind die Patronenhülsen, 1.1 und 1.2, aus der Waffe, 1.13, verfeuert worden?

4.4 Falls die Geschosse, 1.7 und 1.12, und die Hülsen, 1.1 und 1.2, nicht aus der Waffe, 1.13, verschossen wurden, aus welchem Waffensystem wurden diese verschossen? Gibt es konkrete Hinweise auf eine andere Tatwaffe oder auf andere Straftaten?

4.5 Ist die Waffe, 1.13, funktionsfähig und wurde in letzter Zeit damit geschossen?

4.6 Wurde aus der Waffe, 1.13, bereits früher im Zusammenhang mit Straftaten geschossen?

4.7 Befinden sich Fingerabdrücke des Tatverdächtigen
 a) an den innenliegenden Teilen der Waffe, 1.13,
 b) an der Munition, 1.15 und 1.16,
 c) an den Patronenhülsen, 1.1 und 1.2 ?

4.8 Sind auf den Händen, 1.19 und 1.20, des Tatverdächtigen Schmauchspurenverteilungen? Lassen diese den Schluss zu, dass der Tatverdächtige geschossen hat oder ist lediglich Waffen- und/oder Munitionskontakt nachweisbar?

4.9 Sind an den Ärmelspitzen der Jacken, 1.17 und 1.18, des Tatverdächtigen Schmauchspuren, die auf die Abgabe eines Schusses schließen lassen?

4.10 Sind an den Jacken, 1.17 und 1.18, des Tatverdächtigen Spuren, die auf ein längeres Tragen einer Schusswaffe hindeuten? Bei der Festnahme trug er unter dem linken Arm die Waffe, 1.13, im Achselholster.

4.11 Sollten sich bei fortschreitenden Ermittlungen neue oder ergänzende Untersuchungsziele ergeben, so werden diese telefonisch vorab und schriftlich nachgereicht.

5. **Die Untersuchungsobjekte sind Bestandteil des Ermittlungsverfahrens und sollen in die Hauptverhandlung als Beweismittel eingebracht werden. Nach Abschluss der Untersuchung werden sie per Kurier abgeholt.** Wenn es unumgänglich ist, können die Untersuchungsobjekte beschädigt werden. Die Personenkarte mit den Fingerabdrücken des Tatverdächtigen kann dort verbleiben. Hier wurde eine zweite Karte angelegt.

6. **Weitere Auskünfte erteilt der Leiter der Mordkommission, EKHK Y., Telefon 0172–5525803.**

Unterschrift, Name, Dienstgrad

20.4 Gutachten

Beispiel:
Behörde
Dienststelle   Ort, Datum

Daktyloskopisches Gutachten

Betr.:   Strafsache gegen Franz Müller, geb. 30.3.1973 in Recklinghausen.
Bezug: Landgericht Bochum,
         Aktenzeichen Kls 47 Js 123/1996.
Anlagen: Bildliche Darstellung der Tatortspur und der Vergleichsspur.

1   Allgemeines

Mit Schreiben vom 1.10.2003 hat mich das Landgericht Bochum zum daktyloskopischen Gutachter bestellt (§ 73 StPO). Das Gutachten soll in der Hauptverhandlung der 3. Großen Strafkammer am 2.2.2004, 12.30 Uhr, vorgetragen werden.

Beweisthema: Feststellung der Identität der Fingerabdrücke des Franz Müller mit den am 4.5.2003 am Tatort gesicherten Fingerspuren.

2   Untersuchungsmaterial

Das Untersuchungsmaterial besteht aus zwei Tatortspurenkarten und einer Personenkarte.

2.1 Die Tatortspurenkarten wurden am 4.5.2003 nach dem Einbruchsdiebstahl zum Nachteil Maria Meyer, Recklinghausen, Rheinstraße 61, durch KK Schulze gesichert und am 5.5.2003 dem Erkennungsdienst in Recklinghausen übergeben.

Die Spurenkarten wurden durch mich mit den Buchstaben A und B gekennzeichnet.

Die Spurenkarte A zeigt die erforderliche Anzahl von individuellen Merkmalen, sodass sie dem Landeskriminalamt in Düsseldorf zur computergestützten Recherche übersandt wurde. Diese Recherche ergab unter der Spurennummer LKA 47/03–165/03 einen Hinweis auf Franz Müller.

2.2 Die Personenkarte wurde am 17.3.1998 durch die Kriminalpolizei in Kassel gefertigt, die diese auf Anforderung nach hier übersandte. Auf der Rückseite befinden sich die Abdrücke der Fingerendglieder der Person.

Diese Vergleichsabdrücke sind so deutlich, dass anatomische Merkmale in ausreichender Zahl zur Verfügung stehen. Außerdem lassen sich bei allen Abdrücken die daktyloskopischen Muster erkennen.

3 Grundlagen für das Gutachten

3.1 Die Haut besteht grob unterteilt aus drei Schichten: Oberhaut, Lederhaut und Unterhaut. Vom Hauttyp her wird die Haut an den Handinnenseiten als Leistenhaut bezeichnet. Zusammen mit der Papillarschicht der Lederhaut bilden sich an den Handflächen und Fingerbeeren ausgeprägte Merkmale, die Papillarlinien heißen.

3.2 Durch die Schweißabsonderung der Hand werden die Papillarlinien stempelartig auf den Spurenträger übertragen. Die Übertragung kann auch mit körperfremden Stoffen erfolgen.

Auf dem Spurenträger können die Fingerabdrücke mit Kontrastmitteln oder Reaktionsmitteln sichtbar gemacht und mit Klebefolie auf Karton gesichert werden.

3.3 Als empirisch gesichert gilt, dass die Hautleistenbilder einmalig und unveränderbar sind. Das bedeutet, dass sich keine Hautleiste verlängert, verkürzt, zusätzlich wächst, verschwindet oder ihre Lage verändert. Lediglich während des Wachstums des Körpers ergeben sich proportionale Veränderungen. Die Lage und der individuelle Charakter bleiben jedoch gleich.

Damit eignen sie sich für die Identitätsfeststellung.

Die Identitätsfeststellung wird von der Rechtsprechung, zuletzt BGH 3 StR 229/52 vom 11.6.1952, und vom Schrifttum allgemein anerkannt, wenn mindestens

a) zwölf anatomische Merkmale oder

b) acht anatomische Merkmale und das Muster

übereinstimmen.

Anatomische Merkmale sind Punkt, Insel, Gabelung, Beginn oder Ende einer Linie.

3.4 Vergleichsabdrücke werden durch das Abrollen oder Abdrücken der Fingerbeeren auf Karton vorgenommen. Zuvor werden die Finger mit Druckerschwärze eingefärbt. Dadurch entsteht ein regelgerechtes Abbild der Papillarlinien, das zu Vergleichszwecken geeignet ist.

4 Untersuchungsmethode

4.1 Zunächst werden die Tatortspur und die Vergleichsspur mit eine Lupe betrachtet, um Übereinstimmungen festzustellen. Die Tatortspurenkarte A und die Vergleichsspur erfüllen diese Voraussetzung.

Die Tatortspur B lässt keine ausreichenden Merkmale erkennen und ist für eine Identifizierung ungeeignet.

4.2 Mit Hilfe eines Scanners werden beide Spuren in ein Computer-Bildbearbeitungsprogramm eingelesen. Hier können Kontrast und Helligkeit verbessert und Ausschnitte vergrößert werden. Darüber hinaus können die Merkmale mit einem Corser farblich gekennzeichnet werden.

Das Programm nimmt keinen Einfluss auf das Vorhandensein und auf die Lage von Merkmalen.

4.3 Die Tatortspurenkarte zeigt vier Fingerabdrücke, die so angeordnet sind, dass sie eine „Griffspur" bilden. Daraus ist zu erkennen, dass die rechte Hand und davon Zeige-, Mittel-, Ring- und Kleinfinger abgebildet sind.

Mittel-, Ring- und Kleinfinger sind als verwischte Fläche zu erkennen und für eine Identifizierung ungeeignet.

Der Zeigefinger lässt zweifelsfrei das Muster „Schleife links" erkennen. Darüber hinaus zeigt er mehr als acht individuelle Merkmale.

5 Untersuchungsergebnis

5.1 Bei der vergleichenden Untersuchung der Tatortspur und der Vergleichsspur komme ich zu folgendem Ergebnis:

a) Der allgemeine Papillarlinienverlauf stimmt überein. Beide haben das Muster „Schleife links".

b) In beiden Mustern sind mehr als acht Merkmale vorhanden.

c) Die individuellen Merkmale stimmen in Form und Lage überein.

d) Abweichungen, die eine Identität ausschließen würden, sind nicht vorhanden.

5.2 Zur Verdeutlichung meiner Feststellungen habe ich in der Tatortspur und in der Vergleichsspur die übereinstimmenden Merkmale mit einem roten Punkt gekennzeichnet und über eine Auszuglinie mit den Zahlen 1 bis 8 versehen. Dabei ergeben sich folgende Übereinstimmungen:

1 Punktfragment,
2 Gabelung rechts,
3 Gabelung rechts unten,
4 Gabelung links oben,
5 Insel,
6 Insel,
7 Anfang einer Linie,
8 Ende einer Linie,

5.3 Aufgrund der Übereinstimmungen zwischen Tatortspur und Vergleichsspur steht fest, dass Franz Müller der Spurenleger ist.

Die Spur stammt von seinem rechten Zeigefinger.

Unterschrift, Name, Dienstgrad, Funktion

20.5 Übersicht

Kriminalistische Spurenkunde

Kriminalistische Spurenkunde			
Spurenarten	Spurenerschließung		
	Spurensuche	Spurensicherung	Spurenauswertung
Materialspur als Makrospur oder Mikrospur Formspur Ab- oder Eindruckspur Situationsspur	Fachkunde Hilfsmittel System	Fachkunde Spurenschutz Notsicherung Hilfsmittel	Sachverständiger Sachkundiger Hilfsmittel

20.6 Schematische Übersicht Kriminalistische Spurenarten

Kriminalistische Spurenarten			
Materialspur als Makrospur oder Mikrospur	Formspur Ab- u. Eindruckspur		Situationsspur
fest flüssig gasförmig organisch: belebt gewachsen menschlich tierisch pflanzlich Wasser Boden Luft anorganisch: Nichtkohlen- wasserstoff- verbindungen Stein Asche Sand Metalle Gifte	Passstücke nach Schnitt oder Bruch Tropfen Spritzer Wischer Explosionsbild Düsenschrift (Tintenstrahl)	Gebiss Fuß Hand Finger Haut Schuh Handschuh Werkzeug Reifen Munition Maschinenschrift	Allgemeinzustand von Tatorten Zustand von Fenstern, Türen, Schlössern, pp. Schalter- und Ventilstellung Lage von Gegenständen Handschrift

20.7 Übersicht

Kriminalpolizeilicher Erkennungsdienst (ED)

\multicolumn{3}{c}{Kriminalpolizeilicher Erkennungsdienst}
Behörde	Sammlungen und Dateien	Kriminaltechnische Untersuchung
BKA	– Filmmaterial – Fingerabdrücke, Handflächen, Klassifizierungen – gebissfunde – Haar-, Blut-und Speicheluntersuchungsergebnisse – Lichtbilder – Personenbeschreibungen – Personendarstellungen – Personenfeststellungen – Röntgenaufnahmen – Schuhabdrücke – Tonaufnahmen Meldedienst bei Straftaten Tötungs- und Sexualdelikte Staatsschutzdelikte Landfriedensbruch Wirtschaftsstraftaten Euroschecks Waffen, Munition und Sprengstoff Falschgeld Umweltdelikte Erpresserschreiben Unkonventionelle Spreng- und Brandvorrichtung (USBV) Waffen-Mustersammlung Kriminalaktennachweis Rauschgiftdelikte Aufenthaltsermittlungen Computerkriminalität DNA-Datei Festnahmen Gefährdung durch ausländische Terroristen Gegenstände ohne Nummern Häftlingsüberwachung Polizeiliche Beobachtung Vermisste	– Forschung – Untersuchungen im Rahmen des Strafverfahrens Zentraler Schusswaffen-Erkennungsdienst: – Waffensammlung – Tatmunitionssammlung – Schusswaffensystembestimmung – Munitionsherstellerbestimmung – Markenzeichen auf Schusswaffen

Fortsetzung

LKA	Einzelfingerabdrücke Handflächenabdrücke Tatortfingerspuren Tatorthandflächenspuren Meldedienst bei Straftaten Kriminalakten Lichtbildvorzeigekartei Jugendschutz Staatsschutz – Meldedienst – Kriminalakten – Organisationsakten Falldatei Rauschgift Haft Organisierte Kriminalität Spurendokumentation Unzuverlässige Hinweisgeber	Untersuchungen im Rahmen des Strafverfahrens Vergleichsbeschuss bei Waffen, mit denen am Tatort geschossen wurde.
KHSt	Nachrichtensammelstelle (NSSt): Handflächenabdrücke Tatortfingerspuren Tatorthandflächenspuren Merkmalskartei(-datei)	Begutachten von Finger-, Handflächenspuren, Reifenspuren, Schuhabdrücke, entfernte Prägezeichen in Metall..
	Kriminaltechnische Untersuchungsstelle (KTU):	– Sichern von Spuren, soweit dafür besondere Sachkunde erforderlich ist. – Prüfen und Bewerten von Spuren und Untersuchungsmaterial. – Begutachtung von Schuh- und Reifenspuren. u Sichtbarmachung und Begutachtung entfernter Prägezeichen. – Vergleichsbeschuss bei inkriminierten Waffen, mit denen nicht am Tatort geschossen wurde. – Beschaffung von Vergleichsmaterial.
	Staatsschutz (St): – Kriminalakten – Organisationsakten	
KPB	Lichtbilder Kriminalakten Jugendakten Lichtbildvorzeigekartei Örtliche Fahndungshinweise	

Zum Autor

Weihmann, Robert
Leitender Kriminaldirektor a. D.
Geboren 1941 in Bocholt.
Herausgeber der Lehr- und Studienbriefe Kriminalistik / Kriminologie.
Gründungsmitglied der Deutschen Gesellschaft für Kriminalistik e.V.
Leiter der Fahndung in Recklinghausen.
Kriminal-Gruppenleiter in Bottrop, Gladbeck und Marl.
Dezernent der Kriminalpolizei beim Regierungspräsidium Münster.
Leiter der Zentralen Kriminalitätsbekämpfung in Dortmund.
FH-Dozent für Kriminalistik, Kriminaltechnik und Eingriffsrecht.
Vorsitzender einer Prüfungskommission des Landesprüfungsamtes / NRW für die Staatsprüfung des gehobenen Dienstes der Polizei.
Ordentliches Mitglied im Senat der Fachhochschule für öffentliche Verwaltung NRW.
Abteilungsleiter für Ausbildung bei der Direktion für Ausbildung in der Polizei in NRW.

Veröffentlichungen:

Die Zusammenarbeit zwischen Kriminal- und Schutzpolizei. In: Der Kriminalist, 5/1990, S. 209.
Vernehmung des Beschuldigten. In: Strafverteidiger-Forum 2/91, S. 94.
Strafverteidiger fragen Kriminalisten. In: Kriminalistik, 1/1991, S. 51.
Einsatz von V-Personen und Informanten. In: Kriminalistik, 5/1992, S. 309.
Schusswaffengebrauch durch Polizeibeamte. In: Forum Ethik & Berufsethik, 1995, Seiten 38–42, und in: Kriminalistik, 10/1995, S. 667.
Kriminalistik als Lehrfach. Eine Betrachtung zur Bedeutung des Wissensgebietes. In: Festschrift der FHöV/NRW zum 20jährigen Bestehen, Vieselbach 1996, S. 183, und in: Kriminalistik, 10/1996, S. 626.
Kriminalistik – Stand und Perspektiven. In: Kriminalistik, 3/2003, S. 286.
Rauschmittelkriminalität. Eine kritische Bestandsaufnahme. In: Kriminalistik, 5/2003, S. 266.
Zehn Jahre Polizeiliche Kriminalstatistik. In: Kriminalistik, 1/2005, S. 14.

Monografien:

Kriminalistik, Ein Grundriss für Studium und Praxis, 7. Auflage, Hilden 2004.
Musterklausuren Kriminalistik, 3. Auflage, Hilden 2004.
Spurenkunde I, Grundlagen, Suche, Sicherung, Beweiswert. In der Reihe Lehr- und Studienbriefe Kriminalistik, Heft 22, 2. Auflage, Hilden 2000.
Spurenkunde II, Spurenkomplexe, Entstehen, Bedeutung, Auswertung. In der Reihe Lehr- und Studienbriefe Kriminalistik, Heft 23, 2. Auflage, Hilden 2000.
Dozentenhandbücher für Kriminalistik und Kriminaltechnik, 4. Auflage, Recklinghausen 2005.

Literaturverzeichnis

Ackermann, R.: Identifizierung anhand des Gangbildes. In: Kriminalistik, 4/2001, S. 253.

Amerkamp, U.: Spurensuche mittels Cyanacrylat. In: Kriminalistik, 8-9/1997, S. 580.

Andes, G.: Streckmittel bei Heroin. In: Kriminalistik, 4/2001, S. 260.

Bach, W.: Das kriminalistische Potential neuer Technologien. In: Kriminalistik, 10/1999, S. 657.

Bachhiesl, P.: Notizen zur Wiedereröffnung des Hans-Groß-Kriminalmuseums der Karl-Franzens-Universität Graz, Historisches Jahrbuch der Stadt Graz 2003, S. 191).

Bär, W.: Genetische Fingerabdrücke (Die ersten Beweise mit Hilfe der DNA-Analyse). In: Kriminalistik, 5/1989, S. 313.

Bartko, St.: Das Ninhydrinverfahren. In: Kriminalistik, 3/2002, S. 193.

Bender, R. / Nack, A. / Röder, S.: Tatsachenfeststellung vor Gericht, Band I und II, München 1995.

Bennecke, B.: Insekten auf Leichen. In: Kriminalistik, 10/2000, S. 680.

Beyer, H.: Lehrbuch der organischen Chemie, Stuttgart 2004.

Beyser, J. / Pitz, K. / Horn, P. / Hölzl, S. / Rauch, E.: Isotopen-Analytik, Hilfsmittel zur Herkunftsbestimmung unbekannter Toter. In: Kriminalistik, 7/2003, S. 443.

Biermann, T. / Grieve, M.: Die Zukunft der forensischen Faseranalyse. In: Kriminalistik, 5/2001, S. 337.

Brinkmann, B. / Wiegand, P.: DNA-Analysen, Neue Entwicklungen und Trends. In: Kriminalistik, 3/1993, S. 191.

Brinkmann, B. / Pfeiffer, H.: Die Auswertung von Haarspuren mittels DNA-Analyse. In: Kriminalistik, 4/2000, S. 258.

Brünig, J. / Milbradt, H.: Die lagegenaue Sicherung von Schmauchspuren. In: Kriminalistik, 3/2001, S. 195.

Buchholz, N. / Bretsch, R.: Metallbeschichtung in der Daktyloskopie. In: Kriminalistik, 10/2000, S. 651.

Budjarek, B.: Brandgefahr durch Naturfarben. In: Kriminalistik, 10/1999, S. 679.

Bürgin, C.: Verräterische Täter-Ohren. In: Kriminalistik, 5/1997, S. 369.

Eberhardt, M. / Knochenhauer, W.: Spuren im Profilschließzylinder. In: Kriminalistik, 6/1996, 415.

Eberhardt, M. / Knochenhauer, W.: „Schlagtechnik" (Methode zum zerstörungsfreien Überwinden von Sicherheitsschlössern). In: Kriminalistik, 11/2003, S. 691.

Feist, C. / Knöfe, R. / Stanke, G.: Rechnergestützte Bearbeitung von Schuhspuren. In: Kriminalistik, 10/1997, S. 659.

Frenzel, P. / Howorka, H.: Zur Untersuchung von Maschinenschriften. In: Kriminalistik, 4/2000, S. 251.

Grimsehl, E. Lehrbuch der Physik, Leipzig 1991.

Groß, H. / Geerds, F.: Handbuch der Kriminalistik, Berlin 1977.

Gundlach, H.: Drogen und Strafverfolgung – Plädoyer für einen Paradigmenwechsel. In: Kriminalistik, 8-9/2003, S. 490.

Heinrich, U.: Verkehrsunfallkriminalistik, (Reifenspuren). In: Kriminalistik, 12/2002, S. 749.

Hellmann, A. / Herold, K. / Demmelmeyer, H. / Schmitter, H.: Die (DNA-)Untersuchung ausgefallener (telogener) Haare. In: Kriminalistik, 4/2000, S. 255.

Hilbk, M.: Hosen für den Staatsanwalt (Individualität von Jeans-Hosen). In: DIE ZEIT vom 8. 4. 1999, S. 65.

Holleman, A.: Lehrbuch der anorganischen Chemie, Berlin 1995.

Jochem, G.: Rekonstruktion der Insassen-Sitzverteilung in Unfallfahrzeugen. In: Kriminalistik, 5/2001, S. 341.

König, R.: Manipulierte Verkehrsunfälle, Hilden 2001.

Kaefer, K.-B.: Praktische Fälle aus dem Strafprozessrecht - DNA-Analyse und DNA-Identitätsfeststellung. In: Kriminalistik, 3/2000, S. 210.

Knecht, T.: Die Tätowierung. In: Kriminalistik, 5/1997, S. 371.

Krause, D. / Kuchenheuser, W. / Schöning, R. / El Aboubi, S.: Todeszeitbestimmung durch elektrische Reizung der Muskulatur. In: Kriminalistik, 2/1998, S. 129.

Kube, E. / Schmitter, H.: DNA-Analysedatei. In: Kriminalistik, 6/1998, S. 415.

Küster, D.: Automatisiertes Fingerabdruckidentifizierungssystem AFIS. In: Kriminalistik, 3/1994, S. 154.

Ladewig, D.: Sucht und Suchtkrankheiten, München 1996.

Lenertz, O. / Schönborn, S.: Fingerspuren auf menschlicher Haut. In: Kriminalistik, 1/2002, S. 45.

Lorra, K. / Jaeger, R.: Laserscanner können Tatortarbeit revolutionieren. In: Der Kriminalist, 12/2004, S. 479.

Marciejewski, A.: Auswertung olfaktorischer Spuren (Geruchsspurenvergleichsverfahren). In: NStZ, 10/1995, S. 482.

Marciejewski, A.: Brandermittler auf vier Beinen (Brandmittelspürhund). In: Streife/NRW, 7-8/1997, S. 10.

Marciejewski, A.: Unsere Diensthunde. In: Hundewelt 2/1998, S. 6.

Merkel, J. / Nguyen, T.M.H. / Pflug, W.: Zuordnung von Schusswaffen mittels DNA-Analyse. In: Kriminalistik, 12/1997, S. 799.

Nack, A.: Beweisrecht (Sachbeweis). In: Kriminalistik, 1/1999, S. 32.

Naeve, W.: Gerichtliche Medizin für Polizeibeamte, Heidelberg 1978.

Nehse, K. / Wendt, C.: Wie individuell sind Textilien?. In: Kriminalistik, 6/2002, S. 391.

Nix, C.: Der Richter und seine Gehilfen. In: Kriminalistik, 7/1994, S. 463.

Opdensteinen, R.: Fotogrammetrisches Messverfahren. In: Streife/NRW, 10/1994, S. 14.

Otto, M.: Zum Problem der auditiven Wiedererkennung durch Hörzeugen. In: Kriminalistik, 11/2003, S. 685.

Peppersack, T. / Baumann, K.: Die Kriminaltechnik. In: Kriminalistik, 10/1998, S. 665.

Pfeiffer, C.: Ein Haar – alles klar? Möglichkeiten der genetischen Identifikation von Tierhaaren. In: Kriminalistik, 4/2005, S. 180.

Peters, K.: Fehlerquellen im Strafprozess, Karlsruhe 1970.

Pfister, R. / Kneubuehl, B.: Die Munitionswahl beim bewaffneten Dienst der Polizei. In: Kriminalistik, 5/2001, S. 359.

Pfister, B.: Personenidentifikation anhand der Stimme. In: Kriminalistik, 4/2001, S. 287.

Rabl, W. / Haid, C. / Katzgraber, F. / Walser, B.: Erhängen mit Dekapitation. In: Archiv für Kriminologie, Band 195, S. 199.

Rahm, J.: Schusswaffenerkennungsdienst. In: Kriminalistik, 8-9/1998, S. 586.

Rauer, N.: Die Wahllichtbildvorlage. In: Kriminalistik, 11/2003, S. 670.

Reemtsma, J. P.: Im Keller, Hamburg 1997.

Riese, S.: Forensische Serologie beim LKA in Düsseldorf, (DNA-Analyse). In: Streife/NRW, 5/2000, S. 4.

Rötzscher, K. / Grundmann, C.: Forensische Altersschätzung bei Jugendlichen und jungen Erwachsenen im Strafverfahren. In: Kriminalistik, 5/2004, S. 337.

Salentyn, D.: Tatort Glühlampe. In: Deutsche Polizei, 3/1997, S. 22.

Schäffler, A.: Biologie, Anatomie, Physiologie, Ulm 1996.

Schleyer, *F. / Oepen, I. /* Henke (Hrsg.): Humanbiologische Spuren, Heidelberg 1995.

Schmidt – Stralsund, F.: Polizeihund – Erfolge, Geruchsspurenvergleich, Augsburg 1911.

Schneider, H.: Der genetische Fingerabdruck. In: Kriminalistik, 5/2005, S. 303.

Schöneberg, A. / Gerl, L. / Oesterreich, W. / Bastisch, I. / Gerhard, M. / Kärgel, H.-J. / Fesefeldt, A. / Pflug, W.: DNA-Analyse von Hautabriebspuren. In: Kriminalistik, 8-9/2003, S. 497.

Schorsch, G.: Sachverständige und ihre Gutachten. In: Kriminalistik, 3/2000, S. 174.

Schoon, Die Leistung von Hunden im Identifizieren von Menschen durch den Körpergeruch, Dissertation, Universität Leiden/NL, Deutsche Übersetzung: Dessau 1998.

Simmross, U.: Kriminaltechnik, Quo vadis? In: Kriminalistik, 12/1998, S. 799.

Simmross, U.: Der Sachbeweis im europäischen Vergleich. In: Kriminalistik, 11/2000, S. 737.

Schönborn, S. / Lenertz, O.: Sicherung daktyloskopischer Spuren auf menschlicher Haut. In: UNI Düsseldorf, Sero News, IV/2002, S. 105.

Schyma, G. / Huckenbeck, W.: Die Sicherung von Schmauchspuren an der Schusshand. In: Kriminalistik, 8-9/1998, S. 581.

Seibt, A.: Forensische Handschriftenuntersuchung. In: Kriminalistik, 3/2005, S. 175.

Steinke, W.: Spurensicherung mit Staubsauger. In: Kriminalistik, 4/1989, S. 251.

Stever, P.: Das Licht bringt es an den Tag. In: Streife NRW, 12/1997, S. 20.

Timm, K.: Mit gebremstem Schwung – Gedanken über die Grenzen von Kriminalistik, und Kriminaltechnik. In: Kriminalistik, 2/1995, S. 111.

Ungerer, M.: Brandermittlungen – Feuerwehr versus Polizei? In: Kriminalistik, 10/2001, S. 659.

Waitz, H.: Neues Adhäsionspulver für die daktyloskopische Spurensicherung. In: Kriminalistik, 10/2004, S. 643.

Weihmann, R.: Kriminalistik, Ein Grundriss für Studium und Praxis, Hilden 2004.

Weihmann, R.: Lehr- und Studienbriefe Kriminalistik, Nr. 22 und 23, Spurenkunde I und II für Polizeibeamte, Hilden 2000.

Weihmann, R.: Rauschgiftkriminalität. Eine kritische Bestandsaufnahme. In: Kriminalistik, 5/2003, S. 266.

Winko, R.: Graffiti – nur eine Sachbeschädigung?. In: Der Kriminalist 11/1997, S. 483.

Wirth, I. / Strauch, H.: Rechtsmedizin, Grundwissen für die Ermittlungspraxis, Heidelberg 2000.

Wyss, C. / Cherix, D. / Chaubert, S.: Fliegen als Helfer von Polizei und Justiz. In: Kriminalstik 7/2004, S. 485.

Zink, P. / Reinhardt, I.: Das Röntgenbild der Hand als eine Grundlage der Altersschätzung bei Jugendlichen. In: Archiv für Kriminologie, 1986, S. 15.

BKA – Forschungsreihe, Band 32, Aktuelle Methoden der Kriminaltechnik und Kriminalistik, 1995; Band 37, Gefährdung durch Drogen (Straßenverkehr und Kriminalität), 1996

BKA – INPOL – Nachrichten Nr. 1/93, Automatisiertes Fingerabdruckidentifizierungssystem AFIS

Stichwortverzeichnis

A

Ab- und Eindrücke	Band I, 77
Ab- und Eindruckspur	Band I, 25; Band II, 93
Abdecken	Band I, 65
Abdruck	Band I, 26
Abformmittel	Band I, 52
Abkühlung	Band II, 77
Abriebe	Band I, 26; Band II, 61
Abschiedsbrief	Band II, 38
Absperren	Band I, 65
Adhäsion	Band I, 45
Adsorption	Band I, 45
AFIS	Band I, 74, 75
Alkohol	Band II, 21
Altersbestimmung	Band I, 32
Amphetamine	Band II, 17
Analysegerät	Band I, 40
Anhänger	Band II, 60
Anknüpfungstatsachen	Band I, 15
Argentorat	Band I, 48
Argentorat-Lycopodium	Band I, 49
Asservierung	Band I, 67
Aufbohren	Band I, 87
Auflieger	Band II, 60
Augenscheinsbeweis	Band I, 33
Ausweise	Band II, 37

B

Befundtatsachen	Band I, 15
Behördliches Gutachten	Band I, 68
Benzo-Flavon	Band I, 52
Bertillon	Band I, 16
Beschreibung	Band I, 64
Bewegungsmelder	Band II, 80
Beweisthema	Band I, 13
Bissentod	Band II, 72
Bissspuren	Band I, 92
Blei	Band I, 55
Blitz	Band II, 75
Blitzschlag	Band II, 50
Blut	Band I, 94
Blutspuren	Band I, 94
Boden	Band I, 104
Bohren	Band I, 29
Bolustod	Band II, 72
Brand	Band II, 47
Brandbeschleuniger	Band II, 48
Bruch	Band I, 28
Büchsen	Band II, 25
Buntbartschlösser	Band I, 83

C

Cannabis	Band II, 16
Chemische Untersuchungsämter	Band I, 19
Chubb-Schlösser	Band I, 83
Codeschild	Band II, 56
Computer-Drucker	Band II, 40
Crack	Band II, 15
Cyanacrylat	Band I, 50

D

Daktyloskopie	Band I, 72
Deflagration	Band II, 52
Dekapitation	Band II, 69
Dentalgips	Band I, 53
Designer-Drogen	Band II, 19
Detektoren	Band I, 61
Detonation	Band II, 52
Dialekt	Band II, 66
Diebesfallen	Band II, 81
DLK-Koffer	Band I, 40
DNA-Analyse	Band I, 98
Doppelbartschlösser	Band I, 85
3 D-Laserscanner	Band I, 33
3 D-Scanner	Band I, 63
Druckmaschinen	Band II, 41
Duftdrüsen	Band I, 71
Durchbrechen	Band I, 86
Durchdruck	Band II, 43

E

ECSTASY	Band II, 19
Eindruck	Band I, 26
Eindruckspur	Band II, 93
Einschmelzungen	Band I, 26; Band II, 61
Einsteckschlösser	Band I, 83
Elastomere	Band I, 108
Elektrische Reizung	Band II, 79
Elektrizität	Band II, 49
Elektro-Pick	Band I, 86
Endoskope	Band I, 41
Entomologe	Band II, 78
Erbrochenes	Band I, 102
Erdrosseln	Band II, 69
Erhängen	Band II, 68
Erkennungsdienst	Band I, 16
Ersticken	Band II, 70
Ertrinken	Band II, 73
Erwürgen	Band II, 70
Essigsäure	Band I, 50
Exkrete	Band I, 102
Explosion	Band II, 52

F

Fabrikschild	Band II, 56
Fahndungsbilder	Band I, 44
Fahrer	Band II, 62
Fahrgestellnummer	Band II, 55
Fährtenhund	Band I, 61
Fahrzeug	Band II, 60
Fahrzeugidentifizierungsnummer	Band II, 55
Fallhöhe	Band I, 95
Fangmittel	Band II, 80
Fasern	Band I, 109
Felderhaut	Band I, 71
Fernbedienung	Band I, 88
Fettstarre	Band II, 78
Feuerungsanlagen	Band II, 51

Feuerwehr	Band I, 106; Band II, 47, 54
Finger	Band I, 72
Fingernägel	Band I, 75
Fingierte Spuren	Band I, 22
Flachdruck	Band II, 43
Flachformzylinderdruck	Band II, 41
Flamme	Band II, 47
Flammenruß	Band I, 47
Flinten	Band II, 25
Flipper	Band I, 86
Fluoreszierende Pulver	Band I, 49
Folien	Band I, 56
Formspur	Band I, 23, 25
Formung	Band I, 77
Fotoapparat	Band I, 43
Fotografie	Band I, 63
Fotogrammetrie	Band I, 63
Free Base	Band II, 15
Fußsohlen	Band I, 76
Fusstellung	Band I, 79

G

Galton	Band I, 16
Gangart	Band I, 79
Gangbild	Band I, 79
Gas	Band I, 105
Gegenstandsspur	Band I, 23
Geiselnahme Gladbeck	Band I, 68
Gentinaviolett	Band I, 51
Geräteexplosionen	Band II, 53
Gerichtliche Überprüfung	Band I, 68
Gerüche	Band II, 63
Geruchsspur	Band II, 63
Geruchsspurenvergleich	Band I, 61
Geschoss	Band II, 29
Gift	Band II, 76
Gifte	Band II, 24
Gips	Band I, 52
Glas	Band I, 106
Gleitspur	Band I, 28

Glimmbrand	Band II, 47	Individualität	Band I, 32
Graffiti	Band II, 39	Indizienbeweis	Band I, 14
Grundstoffe	Band II, 20	Industriedruck	Band II, 43
Gruppenzugehörigkeit	Band I, 31	Insektenbefall	Band II, 78
Gutachten	Band I, 68; Band II, 89	ISIS	Band I, 44
		Isotopen-Analytik	Band I, 104

H

Haare	Band I, 71
Halluzinogene	Band II, 17
Handflächen	Band I, 75
Handschrift	Band II, 37
Handschuhe	Band I, 80
Hanf	Band II, 16
Harn	Band I, 103
Haschisch	Band II, 16
Haut	Band I, 70, 76
Hautanhangsgebilde	Band I, 71
Hautdrüsen	Band I, 71
Heizungsanlagen	Band II, 51
Helfer	Band I, 36
Heroin	Band II, 14
Heuristische Suche	Band I, 34
Hexenmehl	Band I, 48
Hieb	Band II, 72
Hinterlassene Zeichen	Band I, 22
Hobeln	Band I, 28
Hochdruck	Band II, 43
Hochvakuum-Metall-Bedampfung	Band I, 50
Hohlräumen	Band II, 79
Holz	Band I, 109
Hutkrempenregel	Band II, 73

I

Identifizierung	Band II, 63
Illegale Laboratorien	Band II, 20
Individualgeruch	Band II, 63

J

Jagdwaffen	Band II, 25
Jeffreys	Band I, 16
Jod	Band I, 49

K

Kältestarre	Band II, 78
Kastenschlösser	Band I, 83
Kennzeichnung	Band I, 62
Kfz-Identifizierung	Band II, 55
Kfz-Schloss	Band I, 87
Klebebuchstaben	Band II, 39
Klebefolie	Band I, 56
Knoten	Band I, 109
Kokain	Band II, 15
Konkurrierende Spurensicherung	Band I, 66
Kontaktschuss	Band II, 35
Kontrastmittel	Band I, 45
Kontusionsring	Band II, 35, 76
Kopierer	Band II, 43
Kot	Band I, 102
Kraftfahrzeuge	Band II, 51
Kratzspur	Band I, 28
Kreuzprojektion	Band I, 63
Kriminaltechnische Untersuchungsstellen	Band I, 17
Kristallviolett	Band I, 51
Kunststoff	Band I, 108
Kurzwaffen	Band II, 26

L

Lack	Band I, 107
Langwaffen	Band II, 25
Laser	Band I, 42
Laserdrucker	Band II, 42
Lauf	Band II, 28
Leichen	Band II, 68
Leichentemperatur	Band II, 77
Leistenhaut	Band I, 71
Leitspur	Band I, 31
Licht	Band I, 41
Lippen	Band I, 76
Löscharbeiten	Band II, 47, 54
LSD	Band II, 17
Luft	Band I, 105
Lycopodium	Band I, 48

M

Magna-Brush	Band I, 47
Magnete	Band I, 61
Magnetpulver	Band I, 47
Makro-Spuren	Band II, 92
Makroform	Band II, 93
Makrospur	Band I, 25
Malachitgrün	Band I, 52
Mangan-Dioxid-Pulver	Band I, 47
Manoxol-Molybdändisulfid	Band I, 50
Marihuana	Band II, 16
Materialspur	Band I, 23, 25; Band II, 93
Materialspuren	Band I, 94
Metall	Band I, 107
Metallsuchgeräte	Band I, 61
Methadon	Band II, 14
Methylalkohol	Band II, 21
Mikroskope	Band I, 40
Mikrospur	Band I, 23, 24
Mineralöle	Band II, 23
Montagebild	Band I, 44
Morphin	Band II, 14

N

Nachschlüssel	Band I, 85
Nadeldrucker	Band II, 42
Nasenschleim	Band I, 102
Niederschlagshof	Band II, 34, 76
Ninhydrin	Band I, 51
Notsicherung	Band I, 65; Band II, 92
Nummerierung	Band II, 56

O

Ohren	Band I, 76
Onprint	Band I, 51
Opfer	Band I, 35
Opiate	Band II, 14

P

Parallelschnitte	Band II, 72
Passstücke	Band I, 25, 26, 27, 28
Patronenhülse	Band II, 30
Personalbeweis	Band I, 13
Personalcomputern	Band II, 42
Persönliche Qualifikation	Band I, 36
Phantombild	Band I, 44
Picking	Band I, 86
Pistolen	Band II, 26, 27
Plotter	Band II, 43
Prägezeichen	Band I, 91
Profilzylinder	Band I, 84
Psychopharmaka	Band II, 21

R

Raking	Band I, 86
Rauchvergiftung	Band II, 74
Rauschmittel	Band II, 13
Reaktionsmittel	Band I, 51
Reifen	Band I, 80
Revolver	Band II, 26, 27
Riefen	Band I, 28
Riss	Band I, 27
Rohbaunummern	Band II, 56
Röntgenabteilungen	Band I, 19
Röntgenstrahlen	Band I, 42
Rotationsdruck	Band II, 41
Rückhaltegurte	Band II, 61
Ruß	Band I, 45
Ruß-Eisenoxyd	Band I, 47
Ruß-Reisstärke	Band I, 47

S

Sachbeweis	Band I, 13, 14
Sachkundige	Band I, 15
Sachverständige	Band I, 15, 66
Sägen	Band I, 30
Schlagtechnik	Band I, 86
Schloss	Band I, 82
Schlossstechen	Band I, 90
Schlüssel	Band I, 82, 87
Schmauchspuren	Band II, 33
Schnee	Band II, 15
Schnitt	Band II, 72
Schornsteinfeger	Band II, 51
Schreibmaschinen	Band II, 40
Schreibmittel	Band II, 40
Schreibschablonen	Band II, 39
Schriften	Band II, 37
Schriftträger	Band II, 44
Schrittlange	Band I, 79
Schuhe	Band I, 77
Schürfspur	Band I, 28
Schuss	Band II, 76
Schussentfernung	Band II, 76
Schusswaffen	Band II, 25
Schutzhandschuhe	Band I, 33
Schwefelblüte	Band I, 55
Schweiß	Band I, 101
Schweißdrüsen	Band I, 71
Schwelbrand	Band II, 47
Seile	Band I, 109
Sekrete	Band I, 100
Sekundenkleber	Band I, 50
Selbstentzündung	Band II, 49
Sicherheitsschlösser	Band I, 84
Silbernitrat	Band I, 52
Silicon	Band I, 55
Situationsspur	Band I, 23, 31; Band II, 93
Skizzen	Band I, 63
Speichel	Band I, 101
Sperma	Band I, 100
Sprache	Band II, 66
Spur	Band I, 22
Spuren	Band I, 23
Spurenarten	Band I, 25; Band II, 92, 93
Spurenauswertung	Band II, 92
Spurenbegriff	Band I, 22
Spurenbilder	Band II, 24, 28
Spurenerschließung	Band II, 92
Spurenkarte	Band I, 56
Spurenkunde	Band II, 92
Spurenleger	Band I, 13
Spurenschutz	Band I, 65
Spurensicherung	Band I, 19, 62; Band II, 92
Spurensicherungsbericht	Band II, 86
Spurensicherungskoffer	Band I, 39
Spurensuche	Band I, 19, 33; Band II, 92
Spurweite	Band I, 80

Stanzmarke	Band II, 35, 76	Tiefdruck	Band II, 43
		Tiegeldruck	Band II, 41
Staubsauger	Band I, 60	Tintenstrahldrucker	Band II, 42
Staubspurenkoffer	Band I, 40	Todesarten	Band II, 68
Stich	Band II, 72	Todesursachen	Band II, 68
Stimmen	Band II, 66	Todeszeitbestimmung	Band II, 77
Stimmenanalyse	Band II, 66	Totenflecken	Band II, 78
Stimulanzien	Band II, 17	Totenstarre	Band II, 78
Strangulation	Band II, 68	Tragespuren	Band II, 34
Straße	Band II, 60	Trampelpfad	Band I, 35
Streckmittel	Band II, 20	Transport	Band I, 67
Streckstoffen	Band II, 20	Trefferfeld	Band II, 34
Strom	Band II, 49, 74	Trennen	Band I, 30
		Trennscheibe	Band I, 30
Stumpfe Gewalt	Band II, 73	Trockenkopier-Toner	Band I, 49
Suchbereiche	Band I, 34	Trugspuren	Band I, 22
Suchhunde	Band I, 61	Tsunami-Katastrophe	Band I, 105
Systematische Suche	Band I, 34	Typenschild	Band II, 56

T

U

Tabletten	Band II, 21	Umweltämter	Band I, 19
Talgdrüsen	Band I, 71	Umweltkoffer	Band I, 40
Tatort	Band I, 34	Universitätskliniken	Band I, 19
Tatortbefundbericht	Band II, 82, 83	Unparteilichkeit	Band I, 20
		Unterkühlung	Band II, 74
Tatortkoffer	Band I, 13	Unterschrift	Band II, 37
Tatspuren	Band I, 22	Untersuchungsantrag	Band I, 67
Tatverdächtiger	Band I, 36	Unterwasserelektro-	
Tatwerkzeug	Band I, 36	magneten	Band I, 61
Technische Hilfsmittel	Band I, 37	Urin	Band I, 103
Technische Prüfnummer	Band II, 55	Urkunden	Band II, 37
		USBV	Band II, 53, 54
Temperaturmessung	Band II, 77		
Tensionshaken	Band I, 86		
Testament	Band II, 38	## V	
Textanalyse	Band II, 46		
Textilien	Band I, 109	Vaginalsekret	Band I, 101
Texturheberschaft	Band II, 45	Vegetation	Band I, 105
Textvergleich	Band II, 46	Verbrennen	Band II, 74
Thermodure	Band I, 108	Verbrühen	Band II, 74
Thermografie	Band I, 43	Verdauungszustand	Band II, 77
Thermoplaste	Band I, 108	Vergleichsmaterial	Band I, 32

Verhältnismäßigkeit	Band I, 20	Wasserdampfkessel	Band II, 53
Verkehrsunfall	Band II, 57	Weckamine	Band II, 17
Verkehrsunfall-aufnahme	Band II, 57, 58	Wegfahrsperre	Band I, 88
		Werkzeuge	Band I, 82
Verpackung	Band I, 67		
Verpuffung	Band II, 52		
Verschnittstoffen	Band II, 20		
Verschwiegenheit	Band I, 21		
Verteidigungsstrategie	Band I, 68		
Video	Band I, 43		
Vorhängeschlösser	Band I, 83		

Z

Zahlenschloss	Band I, 83
Zeichnungen	Band I, 63
Zeitungsausschnitte	Band II, 39
Zeuge	Band I, 36
Ziehspur	Band I, 28
Ziehwerkzeugen	Band I, 87
Zündmittel	Band II, 48, 54
Zündschloss	Band I, 91
Zusatztatsachen	Band I, 15

W

Waffe	Band II, 28
Wasser	Band I, 103

Abbildungsverzeichnis

Abbildung Kriminaltechnik I		Quelle
Abb. 1:	Scheren und Kneifen	4
Abb. 2:	Riss / Passstück	4
Abb. 3:	Bruch / Passstück	4
Abb. 4:	Eindruck und Riefen	4
Abb. 5:	Bohren	1, 4
Abb. 6:	Kreissäge / Sägeblatt für Holz	1
Abb. 7:	Schutzanzug für Spurensicherer	1
Abb. 8:	Dienst-Kfz mit vollständigem Spurensicherungsgerät	1
Abb. 9:	Fotokoffer und Spurensicherungskoffer	1
Abb. 10:	Gipskoffer und Mikrofaserspurenkoffer	1
Abb. 10a:	Streiflicht	1
Abb. 10b:	Querschnittswandler für Streiflicht	1
Abb. 11:	Montagebild / Phantombild	4
Abb. 12:	Marabu-Pinsel und Zephyr-Pinsel für Rußpulver	1
Abb. 13:	Magnet-Pinsel für Eisenpulver (Magna Brush)	1
Abb. 14:	Sicherung von Schuhabdrücken mit Gips	1
Abb. 15:	Klebefolie bei Materialspuren	1
Abb. 15a:	Klebefolie bei Formspuren	1
Abb. 15b:	Klebefolie bei Formspuren	1
Abb. 16:	Spurensicherungskarte DIN A 6	1
Abb. 17:	Kreuzprojektion	4
Abb. 18:	Personenidentifizierung anhand von Papillarleisten	2
Abb. 19:	Grundsatz der Einmaligkeit-Anatomische Merkmale	2
Abb. 20:	Anatomische Merkmale	2
Abb. 21:	Daktyloskopische Grundmuster	2
Abb. 22:	AFIS Elektronische Vermessung der Minuzien	2
Abb. 23a:	Schuh-Ein- Abdruck	1
Abb. 23b:	Schuh-Ein- Abdruck	1
Abb. 24:	Gangbild	2
Abb. 25:	Handschuh	2
Abb. 26:	Reifen	1
Abb. 27:	Schloss	4
Abb. 28:	Schlüssel	4
Abb. 29:	Buntbart-Schloss	4
Abb. 30:	Chubb-Schloss	4
Abb. 31:	Sicherheitsschloss	4
Abb. 32:	Kfz-Schlüssel	4
Abb. 33:	Schlüssel mit Transponder	4
Abb. 34:	Prägezeichen	1
Abb. 35:	Bissspuren (Durchbiss mit Riefen)	1
Abb. 36:	Blutspuren: Tropfen, Schleuder- und Wischspuren	1
Abb. 37:	Knoten und Verbindungen	2

Abbildungsverzeichnis

Abbildung Kriminaltechnik II		Quelle
Abb. 38:	Schlafmohn	4
Abb. 39:	Kokain	4
Abb. 40:	Canabis	4
Abb. 41:	Haschisch	4
Abb. 42:	Ecstasy / XTC Auswahl	2
Abb. 43:	Reichweite von Geschossen	4
Abb. 43a:	Jagdwaffen / Laufkombinationen	4
Abb. 44:	Pistole	4
Abb. 45:	Revolver	4
Abb. 46:	Gezogener Lauf / Kaliber	4
Abb. 47:	Deformations-Geschosse	4
Abb. 48:	Geschoss aus gezogenem Lauf	4
Abb. 48a:	Spurenvergleich zwischen Tatgeschoss und Vergleichsgeschoss	1
Abb. 49:	Spurenbild an der Hülse	2
Abb. 50:	Schrotpatrone	4
Abb. 51:	Seitliche Abweichung beim Schrotschuss	4
Abb. 52:	Verletzungs- und Schmauchspuren an der Schusshand	4
Abb. 53:	Opfer / Trefferfeld	2
Abb. 54:	Kontaktschuss / Kopfschuss	2
Abb 55:	Geruchsübertragung auf Metallröhrchen	3
Abb 55a:	Geruchsspurenuntersuchung	3
Abb. 56:	Symmetrisches und asymmetrisches Erhängen	4
Abb. 57:	Kammblutung bei Doppelschlinge	4
Abb. 58:	Ersticken durch Unterbrechung der Sauerstoffversorgung im Körper	4
Abb. 59:	Ersticken durch Unterbrechung der Sauerstoffversorgung von außen	4
Abb. 60:	Schnittwunde	4
Abb. 61:	Bluterguss, Platzwunde	4
Abb. 62:	Schlag oder Sturz „Hutkrempenregel"	4

1 = Polizeipräsidium Recklinghausen

2 = BKA-Schriftenreihe, Kriminaltechnik

3 = Jochen Tack, Essen

4 = Bilder gehen auf den Autor oder den Verlag zurück